E. F. Engelhardt

Mit dem Smartphone zum Smart Home

E. F. Engelhardt, Jahrgang 1975, hat bereits über 40 Computerbücher veröffentlicht, die durch ihren Praxisbezug und ihre Kurzweiligkeit bestechen. Seine Bücher zur Hausautomation haben sich schon mehr als 10.000-mal verkauft. Nun hat sich Engelhardt das Smartphone geschnappt und steuert damit sein Heim.

E. F. Engelhardt

Mit dem **Smartphone** zum **Smart Home**

FRANZIS

Bibliografische Information der Deutschen Bibliothek

Die Deutsche Bibliothek verzeichnet diese Publikation in der Deutschen Nationalbibliografie; detaillierte Daten sind im Internet über http://dnb.ddb.de abrufbar.

Autor: E. F. Engelhardt
Programmleitung: Dr. Markus Stäuble
Satz: Nelli Ferderer, nelli@ferderer.de
art & design: www.ideehoch2.de
Druck: CPI-Books
Printed in Germany

ISBN 978-3-645-**60291-4**

VORWORT

Smart Hacks mit dem Smartphone für das Smartphone, das klingt zwar smart, aber nicht clever. Wer jedoch noch die Comicfiguren Clever & Smart des Zeichners F. Ibanez kennt, der weiß, dass auch diese Verbindung nicht immer reibungslos ist und durchaus die abenteuerlichsten Dinge passieren können. Und das ist auch der Fall bei den vielen unterschiedlichen Lösungen, die aktuell auf dem Markt verfügbar sind.

In diesem Buch wurde bewusst keine All-in-One-Lösung eines Herstellers oder eine der zahlreichen Eigenbau-Projekte wie FHEM, OpenHAB usw. verwendet. Es konzentriert sich vielmehr auf das Zusammenspiel der Hardware mit dem heimischen Netzwerk und die Datenablage sowie auf die Kopplung und Konfiguration der Apps, mit denen die smarten Unterhaltungs- und Haushaltsgeräte zur Zusammenarbeit mit dem Smartphone bewegt werden. Damit haben Sie die Apps und die Funktionen auf Ihrem Smartphone gebündelt, die mittlerweile mit wenig Einsatz und Spezial-Know-how für jedermann nutzbar und erschwinglich sind. Sie finden in diesem Buch allerhand Ideen, das Smart Home mithilfe des Smartphones individuell einzurichten.

Wir wünschen Ihnen viel Spaß mit dem Buch!

Autor und Verlag

Sie haben Anregungen, Fragen, Lob oder Kritik zu diesem Buch?
Sie erreichen den Autor per E-Mail unter *ef.engelhardt@gmx.de*.

INHALT

1 DATENVERTEILER IM HEIMNETZ: LAN/WLAN-ROUTER

Die Schnittstelle zwischen dem Internet und dem Heimnetz ist das heimische Internet-Zugangsgerät – in der Regel der WLAN/LAN-Router. Dies gilt umso mehr, wenn Sie mit dem Smartphone von unterwegs die Gerätschaften zu Hause durch Messen, Steuern oder Regeln kontrollieren möchten. Dafür stehen natürlich verschiedene Lösungsansätze zur Auswahl: Sie können das betreffende Gerät direkt in seiner eigenen App steuern und kontrollieren oder eine Mastermind-Lösung anstreben, d. h. eine Hausautomation-Kommandozentrale einrichten, die sich um die Vorort-Gerätschaften kümmert und über eine gemeinsame App die jeweiligen Schnittstellen zur Verfügung stellt. Dies ist ein Gerät mehr, das in der Regel neben dem WLAN/LAN-Router dauerhaft online und damit an sieben Tagen die Woche 24 Stunden lang im Einsatz ist. Heute ist das Thema Netzwerkeinrichtung zu Hause eigentlich keine große Sache mehr – knifflig wird es erst, wenn verschiedene Computer vernetzt und mit gewöhnlichen Haushaltsgeräten und unterschiedlichen Technologien gekoppelt werden sollen. Dann muss man ein wenig Hand anlegen, damit es klappt. Anschließend können Sie mit dem Smartphone über eine App die gekoppelten Geräte, wie etwa Heizung, Lichtschalter, Waschmaschine, Rauchmelder, Klingelanlage usw., d.h. alles, was in einem Haushalt an Gerätschaften benötigt wird, bequem steuern und kontrollieren.

1.1 LAN/WLAN-ROUTER: DATENSCHUBSER MIT TCP/IP UND UDP

Um die Verteilung der Daten in Ihrem Heimnetzwerk kümmert sich in der Regel ein Switch bzw. ein Router, der den Datenverkehr gezielt steuert und die Netzbelastung in Grenzen hält. Der Router wickelt sozusagen alle Aufträge ab, die von den Clients an ein anderes Netz geschickt werden. Ob es sich beim adressierten Netz um ein weiteres Unternehmensnetz handelt oder um das Internet, spielt keine Rolle. Wie auch immer in Ihrem Netzwerk Daten übertragen werden und welches Betriebssystem Sie auch einsetzen: An TCP/IP, der Internetprotokollfamilie, kommen Sie nicht vorbei. Sie müssen sich dabei aber nicht mit so diffizilen Dingen wie Protokollschichten, Headern oder dergleichen herumschlagen, für Sie genügen die Basics der Adressierung. Außerdem müssen Sie wissen, dass TCP/IP festlegt, wie Daten im Internet und im Netzwerk übermittelt werden. Bei einer Netzwerkverbindung oder einer Internetverbindung wird keine direkte Verbindung zwischen zwei Punkten hergestellt, wie das beispielsweise beim Telefonieren der Fall ist.

1.1.1 Aus dem Internet sieht man nur den Router

Wenn Sie Ihr Netzwerk mit einem Router für den Internetzugang ausstatten, übernimmt Ihr Router künftig einen Teil der Aufgaben rund um die Adressierung. Das macht Ihnen das Leben nicht nur etwas leichter, sondern vor allem viel sicherer, denn nach außen tritt lediglich der Router in Erscheinung. Ihren PC bekommt das Internet nicht so leicht zu sehen. Das bedeutet, dass von außen nicht mehr die zugewiesene Adresse des Rechners zu sehen und zu verwenden ist, sondern die des Routers. Alle Anfragen stellt der Router, alle Antworten nimmt er entgegen und leitet sie netzwerktechnisch betrachtet als Switch innerhalb des heimischen Netzes an den passenden Rechner weiter.

Für den Router gibt es also intern den Nummernkreis `192.168.X.X` und nach außen alle anderen. Der einzelne Rechner ist nicht mehr direkt ansprechbar, sondern die Adresse ist immer die des Routers. Das ist ein erster Schritt in Richtung mehr Sicherheit im Internet, denn nun kann nicht mehr direkt auf möglicherweise offene Ports Ihres Rechners oder eines anderen Computers im Netzwerk zugegriffen werden. Noch mehr Sicherheit bietet eine im Router aktivierte Firewall, deren Ziel es ist, nur zulässige und ungefährliche Pakete durchzulassen und bestimmte Pakete kurzerhand abzulehnen. Sie nehmen ja auch nicht jede Nachnahme an.

1.1.2 Zugriff aus dem Internet? Dynamisches DNS konfigurieren

Möchten Sie Ihre Heimnetz-Steuerzentrale auch über das Internet erreichen, etwa weil Sie vom Büro aus die Heiztemperatur im heimischen Wohnzimmer regeln möchten, dann benötigen Sie für Ihren LAN/WLAN-Router zu Hause eine dynamische DNS-Lösung. Mithilfe einer dynamischen IP-Adresse machen Sie den LAN/WLAN-Router im Internet bekannt. Jedes Mal, wenn Sie sich ins Internet einloggen, bekommt Ihr LAN/WLAN-Router vom Provider automatisch eine IP-Adresse zugeteilt. TCP und IP sind die wichtigsten Protokolle, die für die Kommunikation zwischen Rechnern möglich sind. Es gibt weitere Protokolle und Techniken wie beispielsweise SSH, mit denen Sie beim Lesen dieses Buchs in Berührung kommen. TCP/IP kommt in einem Netzwerk zum Einsatz, und jeder Computer, der in einem Netzwerk TCP/IP nutzen möchte, braucht eine IP-Adresse. Diese IP-Adresse lautet bei jeder Einwahl anders – sie stammt aus einem IP-Adressenpool, den der Provider reserviert hat.

DNS: Namen statt Zahlen

Der Vorteil von DNS ist, dass Sie den Computer auch über seinen Namen ansprechen können. Es ist einfacher, anstelle einer IP-Adresse wie `http://192.168.123.1` die Adresse `http://IHRDOMAINNAME.DNSSERVICEANBIETER.NET` einzutippen. Man kann sich nämlich Namen leichter merken als Zahlen bzw. IP-Adressen. Für das dynamische DNS gibt es verschiedene Anbieter, die ihre Dienste zum Teil kostenlos anbieten.

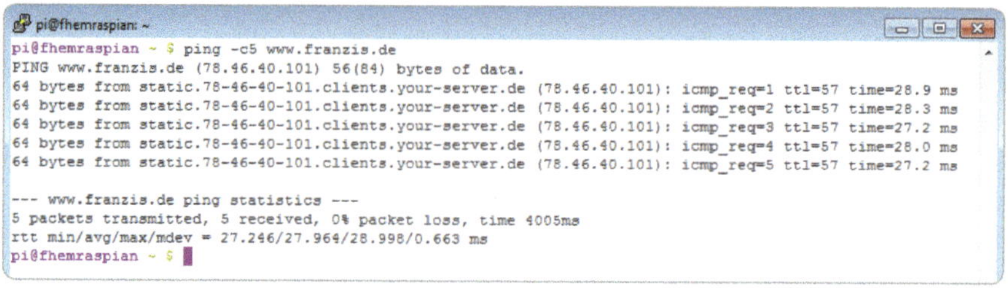

Mit dem Befehl `ping DNS-Name` finden Sie die IP-Adresse eines DNS-Namens heraus. In diesem Beispiel lautet für die Domäne `www.franzis.de` die IP-Adresse `78.46.40.101`.

Geben Sie beispielsweise `http://IHRDOMAINNAME.DNSSERVICEANBIETER.NET` in die Adressleiste des Webbrowsers ein, erkennt dieser am `http`-Kürzel, dass er das HTTP-Protokoll verwenden muss. Der doppelte Schrägstrich `//` bedeutet, dass es sich um eine absolute URL handelt. Mit der URL `IHRDOMAINNAME.DNSSERVICEANBIETER.NET` wird ein Kontakt zu dem DNS-Server Ihres ISP (**I**nternet **S**ervice **P**rovider) hergestellt. Damit wird dieser DNS-Name in eine IP-Adresse umgewandelt.

Für dynamisches DNS gibt es verschiedene Anbieter, die eine solche Funktionalität kostenlos zur Verfügung stellen. Die bekanntesten Anbieter sind in der folgenden Tabelle aufgeführt. Die Vorgehensweise bei der Anmeldung ist im Prinzip immer die gleiche.

Ganz gleich, für welchen Anbieter Sie sich entscheiden, die Prozedur des Registrierens und Einrichtens sowie die Konfiguration des Clients bleiben Ihnen nicht erspart. Im nächsten Schritt richten Sie den LAN/WLAN-Router so ein, dass Sie aus dem Internet Zugriff auf die entsprechenden Geräte bekommen – am besten über einen Port, der nur Ihnen bekannt ist.

ANBIETER (KOSTENLOS)	ADRESSE
no-ip.com	*www.no-ip.com*
Selfhost-free	*selfhost.de*
DNSExit	*www.dnsexit.com/*
AVM (nur für FRITZ!Boxen mit FRITZ!OS ab Version 5.20)	*https://www.myfritz.net/login.xhtml*
FreeDNS	*http://freedns.afraid.org/*
AVM/FRITZBOX	*myfritz.net*

1.1.3 Portfreigabe für den direkten Zugriff

Die TCP- und UDP-Ports (**U**ser **D**atagram **P**rotocol) sorgen für die Kommunikation auf Netzwerk- bzw. Anwendungsebene. Grundsätzlich gilt auch hier: Weniger ist mehr. Je weniger Ports geöffnet und Dienste verfügbar sind, desto weniger Angriffsfläche bietet der LAN/WLAN-Router nach außen. So können Sie die Nutzung bestimmter Internetdienste wie das Surfen im WWW (HTTP), das **F**ile **T**ransfer **P**rotokoll (FTP) und viele andere für alle oder ausgewählte Benutzer in Ihrem Netzwerk blockieren.

Doch Vorsicht: Wird der Router zu sicher eingestellt, leidet die Funktionalität, weil bestimmte Programme nicht mehr richtig funktionieren. Wer beispielsweise einen Webserver (HTTP-Protokoll mit Port 80) hinter einem Router betreiben möchte, der muss den LAN/WLAN-Router so einstellen, dass die Anfragen aus dem Internet auch bis zum heimischen Webserver durchdringen können. Erst dann kann dieser reagieren und die Anfragen beantworten. Welchen Port Sie öffnen, hängt von dem eingesetzten Serverprogramm und vor allem von Ihren persönlichen Ansprüchen und Sicherheitsbedürfnissen ab.

Der LAN/WLAN-Router kann so eingestellt werden, dass bestimmte Ports am Router offen sind, die Daten, die dort ankommen, aber nur an einen bestimmten Rechner bzw. eine bestimmte IP-Adresse weitergeleitet werden. Diese Technik wird Portweiterleitung bzw. Port-Triggering genannt. Die Porteinstellungen des WLAN-Routers nehmen Sie über die Weboberfläche vor. Im Falle einer FRITZ!Box ist das der Dialog `Internet/Portfreigabe` auf der Weboberfläche.

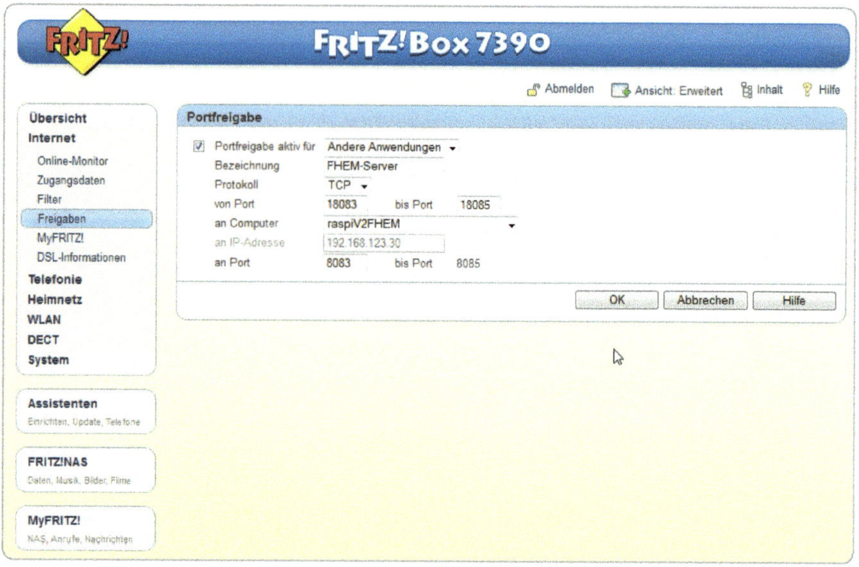

Per Klick auf die Schaltfläche `Freigaben` richten Sie eine neue Verbindung von außen mit dem Raspberry Pi im Netzwerk ein. In diesem Fall ist die Weboberfläche von außen über die Ports 18083 bis 18085 erreichbar, während im Heimnetz die Standardports 8083 bis 8085 genutzt werden.

Achten Sie darauf, dass bei der Konfiguration einer Portfreigabe die Zieladresse immer gleich bleibt. Es ist möglicherweise besser, für den Zielrechner im heimischen Netz eine feste IP-Adresse einzurichten. Verwenden Sie im Zweifelsfall statt einer DHCP-Adresse für den Computer eine statische IP-Adresse. Mithilfe der Portfreigabe lassen sich Dienste und verwendete Ports explizit bestimmten Rechnern im Heimnetz, in diesem Fall dem Raspberry Pi, zuordnen.

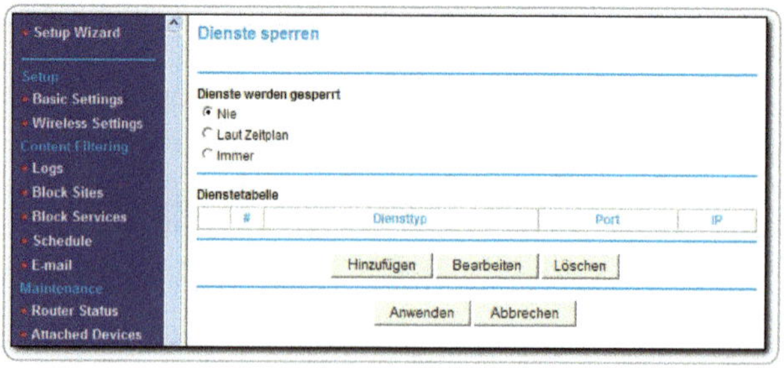

Die `Dienstetabelle` listet bei Routern aus dem Hause Netgear alle Dienste auf, die gegenwärtig gesperrt werden. Sie können dieser Tabelle Dienste hinzufügen oder Dienste daraus löschen.

Abhängig vom LAN/WLAN-Router-Modell ist auch der umgekehrte Fall möglich, und es lassen sich bestimmte Dienste und Ports für bestimmte Rechner blockieren. Bei Netgear-Modellen ist dafür der Schalter *Dienste sperren/Block Services* zuständig, mit dem Sie den Internetzugang bestimmter Benutzer in Ihrem lokalen Netzwerk, basierend auf deren IP-Adressen, sperren können.

1.2 CLOUD-FUNKTIONEN IM EIGENBAU: OWNCLOUD IM EINSATZ

Über Speicherdienste wie Dropbox, Mediacenter, Google Drive, Microsoft OneDrive und andere lassen sich die gewünschten Daten aus dem Heimnetz für den Zugriff von außen verfügbar machen. Doch diese Cloud-Speicher sind in der Regel kontingentiert und kosten je nach benötigtem Speicherplatz zusätzliche Gebühren. Ein noch größeres Manko ist der Datenschutz: Letztlich können Sie nicht mit absoluter Gewissheit davon ausgehen, dass die beim Anbieter gespeicherten Daten bzw. der dafür genutzte Account Ihren persönlichen Sicherheitsanforderungen genügen.

Ärgernis Speicherplatzmangel: Reicht bei teureren Smartphones der Speicher nicht mehr aus, dann heißt es Daten auslagern. Speicherfresser wie Urlaubsbilder sichern Sie dann besser in einem eigenen Onlinespeicher, falls Sie von unterwegs aus darauf Zugriff haben möchten.

Wer den Aufwand und ein paar Installationsroutinen nicht scheut, baut sich mithilfe eines Raspberry Pi und der kostenlosen Open-Source-Software `ownCloud` (`www.owncloud.org`) einen eigenen Datenspeicher – die perfekte Alternative für Breitbandanschlüsse zu Hause.

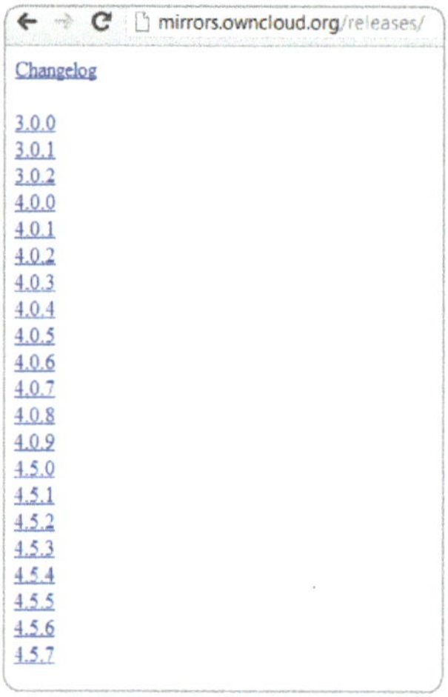

Zunächst suchen Sie die aktuellste Version von ownCloud und laden sie auf den Raspberry Pi (`http://mirrors.owncloud.org/releases/`).

Sie haben dann nicht nur die vollständige Kontrolle über die Daten, sondern vor allem keinerlei Beschränkungen in der Kapazität. Sie können am Raspberry Pi über den USB-Anschluss beliebig große USB-Festplatten betreiben – vorausgesetzt, die Stromversorgung ist über eine externe Stromversorgung sichergestellt. Mit einer alten 100-GByte-USB-Festplatte beispielsweise steht Ihnen im Vergleich zu kommerziellen Anbietern bereits ein Vielfaches an Kapazität zur Verfügung.

1.2.1 Raspberry Pi für ownCloud vorbereiten

Gerade für den Einsatz einer Cloud reicht die Kapazität der internen SD-Karte des Raspberry Pi in der Regel nicht aus. Wer Daten der angeschlossenen Systeme wie einer Wetterstation, Strommesswerte und dergleichen loggen oder aber ownCloud sinnvoll einsetzen möchte, der braucht mehr Platz auf dem Raspberry Pi. In diesem Beispiel wird daher eine ältere, 2,5 Zoll und 120 GByte große Notebook-Festplatte eingesetzt. Sie wird über einen USB-Hub mit eigener Stromversorgung an den USB-Anschluss des Raspberry Pi angeschlossen.

Bevor Sie ownCloud auf dem Raspberry Pi installieren, schließen Sie die externe USB-Festplatte an den USB-Anschluss an und vergewissern sich, ob die Festplatte ordnungsgemäß erkannt und initialisiert wird.

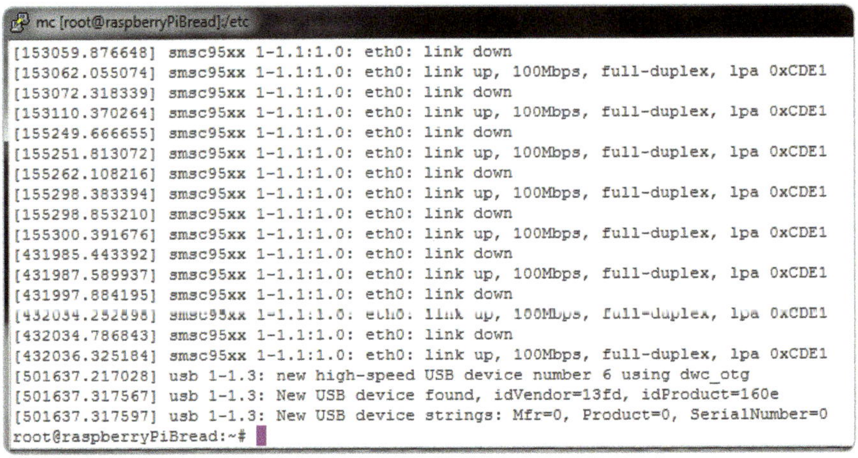

Über den **dmesg**-Befehl finden Sie heraus, ob die angeschlossene Festplatte vom Raspberry Pi ordnungsgemäß erkannt wurde.

Grundsätzlich benötigen Sie für die Einrichtung und Konfiguration von ownCloud sowie für die Installation der externen Festplatte administrative `root`-Rechte:

```
sudo -i
```

Benötigen Sie für Ihre Geräte und den USB-Anschluss eine etwas übersichtlichere Darstellung, dann nutzen Sie statt `dmesg` das folgende Kommando:

```
001 lsusb -v | grep -E '\<(Bus|iProduct|bDeviceClass|
    bDeviceProtocol)' 2>/dev/null
```

Im nächsten Schritt prüfen Sie, ob der USB-Speicher von `fdisk` ordnungsgemäß erkannt wird. Mit dem Kommando

```
fdisk -l
```

listen Sie sämtliche erkannte Speichergeräte samt ihrem Mountpoint auf.

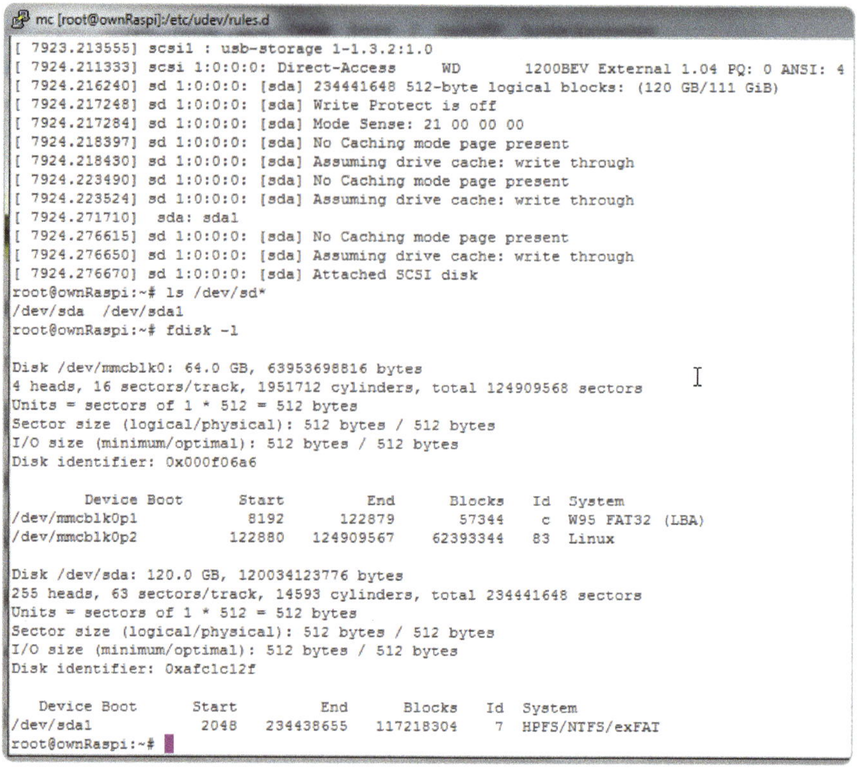

```
mc [root@ownRaspi]:/etc/udev/rules.d
[ 7923.213555] scsi1 : usb-storage 1-1.3.2:1.0
[ 7924.211333] scsi 1:0:0:0: Direct-Access     WD       1200BEV External 1.04 PQ: 0 ANSI: 4
[ 7924.216240] sd 1:0:0:0: [sda] 234441648 512-byte logical blocks: (120 GB/111 GiB)
[ 7924.217248] sd 1:0:0:0: [sda] Write Protect is off
[ 7924.217284] sd 1:0:0:0: [sda] Mode Sense: 21 00 00 00
[ 7924.218397] sd 1:0:0:0: [sda] No Caching mode page present
[ 7924.218430] sd 1:0:0:0: [sda] Assuming drive cache: write through
[ 7924.223490] sd 1:0:0:0: [sda] No Caching mode page present
[ 7924.223524] sd 1:0:0:0: [sda] Assuming drive cache: write through
[ 7924.271710]  sda: sda1
[ 7924.276615] sd 1:0:0:0: [sda] No Caching mode page present
[ 7924.276650] sd 1:0:0:0: [sda] Assuming drive cache: write through
[ 7924.276670] sd 1:0:0:0: [sda] Attached SCSI disk
root@ownRaspi:~# ls /dev/sd*
/dev/sda  /dev/sda1
root@ownRaspi:~# fdisk -l

Disk /dev/mmcblk0: 64.0 GB, 63953698816 bytes
4 heads, 16 sectors/track, 1951712 cylinders, total 124909568 sectors
Units = sectors of 1 * 512 = 512 bytes
Sector size (logical/physical): 512 bytes / 512 bytes
I/O size (minimum/optimal): 512 bytes / 512 bytes
Disk identifier: 0x000f06a6

        Device Boot      Start         End      Blocks   Id  System
/dev/mmcblk0p1            8192      122879       57344    c  W95 FAT32 (LBA)
/dev/mmcblk0p2          122880   124909567    62393344   83  Linux

Disk /dev/sda: 120.0 GB, 120034123776 bytes
255 heads, 63 sectors/track, 14593 cylinders, total 234441648 sectors
Units = sectors of 1 * 512 = 512 bytes
Sector size (logical/physical): 512 bytes / 512 bytes
I/O size (minimum/optimal): 512 bytes / 512 bytes
Disk identifier: 0xafc1c12f

   Device Boot      Start         End      Blocks   Id  System
/dev/sda1            2048   234438655   117218304    7  HPFS/NTFS/exFAT
root@ownRaspi:~#
```

Mit `fdisk -l` lassen sich die erkannten Festplatten- bzw. USB-/Flash-Speicher anzeigen. In diesem Fall wurde die eingesteckte Festplatte mit `/dev/sda1` eingebunden.

Im nächsten Schritt wird die angeschlossene USB-Festplatte formatiert. Dabei verlieren Sie alle auf der USB-Festplatte vorhandenen Daten. Sollen diese Daten erhalten bleiben, müssen Sie sie vorher auf einem anderen Datenträger sichern. In diesem Beispiel wurde die eingesteckte USB-Festplatte auf den Pfad `/dev/sda1` vom Raspberry Pi eingebunden. In diesem Fall sorgt das Kommando

```
mkfs.ext3 /dev/sda1
```

dafür, dass die externe Festplatte mit dem `ext3`-Dateisystem formatiert wird. Alternativ können Sie natürlich auch das Windows-freundliche FAT32-Dateisystem nutzen. Das ist interessant, falls die Festplatte einmal direkt an den

USB-Anschluss des Windows-Computers angeschlossen werden soll. In diesem Fall nutzen Sie zum Formatieren den folgenden Befehl:

```
mkfs.vfat -F 32 /dev/sda1
```

In diesem Beispiel wird darauf verzichtet und das `ext3`-Dateisystem verwendet. Im nächsten Schritt legen Sie einen fixen Mountpoint für den Raspberry Pi an. Dafür benötigen Sie ein Verzeichnis, das hier der Einfachheit halber mit `usbhdd` bezeichnet wird. Mit dem Kommando

```
mkdir -p /media/usbhdd
mount /dev/sda1 /media/usbhdd
```

legen Sie das Verzeichnis an und mounten anschließend die formatierte USB-Festplatte in dieses Verzeichnis. Damit nach einem Neustart des Raspberry Pi die USB-Festplatte wieder automatisch zur Verfügung steht, sollten Sie sie mit in die Systemdatei `fstab` aufnehmen. Die zweite Anforderung ist, dass die Platte immer richtig gemountet ist, egal welchen USB-Anschluss Sie verwenden – und hier kommt die sogenannte UUID ins Spiel. Sie erhalten sie mit dem folgenden Kommando:

```
blkid | grep /dev/sda1
```

Im nächsten Schritt öffnen Sie mit dem Nano-Editor die Systemdatei `fstab` im Verzeichnis `/etc`:

```
nano /etc/fstab
```

Fügen Sie am Ende der Datei folgende Zeile ein:

```
UUID=123456789-1234-1234-1234-123456789012    /media/usbhdd
ext3    defaults    0    2
```

Ersetzen Sie die Beispiel-UUID `123456789-1234-1234-1234-123456789012` durch die UUID Ihrer Festplatte. Die Änderungen werden erst nach einem erneuten Einlesen der Systemdatei `/etc/fstab` aktiv. Ohne Neustart erfolgt dies mit dem Kommando:

```
mount -a
```

Um die Funktion zu testen, sollten Sie per `reboot`-Kommando den Raspberry Pi neu starten. Auch nach einem Neustart sollte die USB-Festplatte unter dem gewählten Namen erreichbar sein. Haben Sie die USB-Festplatte in Betrieb genommen, dann installieren Sie die für ownCloud notwendigen Dienste und Pakete auf dem Raspberry Pi nach. Zunächst laden Sie die aktuelle Version von ownCloud auf den Raspberry Pi. Wenn eine aktuellere Version erscheint, ist die Versionsnummer entsprechend anzupassen, damit der folgende `wget`-Befehl auch funktioniert.

```
cd ~
wget https://download.owncloud.org/community/
owncloud-8.2.0.tar.bz2
```

Bevor Sie per `apt-get` die notwendigen Pakete samt ihren Abhängigkeiten installieren, legen Sie für den Webserver-Zugriff eine eigene Gruppe an:

```
groupadd -f -g33 www-data
```

Es ist nicht zwingend notwendig, aber manchmal praktisch, neben der Webserver-Gruppe `www-data` auch einen dazugehörigen User einzurichten. Wer nicht den Standard-User `pi` nutzen möchte, legt dafür kurzerhand mit dem Kommando

```
usermod -a -G www-data www-data
```

einen gleichnamigen Benutzer der Gruppe `www-data` an, um anschließend per

```
sudo chown -R www-data:www-data /var/www
```

den Besitz des Verzeichnisses `/var/www` zu übernehmen. Anschließend installieren Sie mit `apgt-get` die für den ownCloud-Server notwendigen, abhängigen Pakete auf den Raspberry Pi:

```
apt-get install apache2 php5 sqlite libapache2-mod-php5
curl libcurl3 libcurl3-dev php5-gd php5-sqlite php5-curl
php5-common php5-intl php-pear php-apc mc php-xml-parser
```

Je nachdem, was auf dem Raspberry Pi bereits an installierten Paketen vorhanden ist, wird in diesem Schritt aktualisiert. Wie bereits aus dem obigen Installationsaufruf hervorgeht, benötigt ownCloud für einen reibungslosen Betrieb einen Webserver, auf dem PHP5 (Version ab 5.3) und die Pakete `php5-json`, `php-xml`, `php-mbstring`. `php5-zip`, `php5-gd` sowie weitere optionale Abhängigkeiten wie `php5-sqlite` (ab Version 3), `curl`, `libcurl3`, `libcurl3-dev`, `php5-curl` installiert sein sollten. Um in Sachen Aktualität auf Nummer sicher zu gehen, führen Sie hier ein gewohntes

```
apt-get update && apgt-get upgrade
```

aus. Das Apache-Modul `mod_webdav` ist nicht zwingend nötig, wenn Sie die praktische WebDAV-Unterstützung von ownCloud nutzen möchten, da ownCloud es selbst mitbringt. Erscheint beim Start des Apache Webservers auf der Konsole die Meldung, dass der `FQDN` (`fully qualified domain name`) nicht aufgelöst werden kann, dann nehmen Sie in der Datei `/etc/apache2/httpd.conf` folgende Änderung vor:

```
nano /etc/apache2/httpd.conf
```

Prüfen Sie nun, ob die Datei leer ist. Nach der Apache-Neuinstallation ist sie nämlich ohne Inhalt. Hier tragen Sie einfach

```
ServerName localhost
```

ein, speichern mit [Strg]+[S] und bestätigen mit [Y] sowie der [Enter]-Taste die Änderung an der Datei.

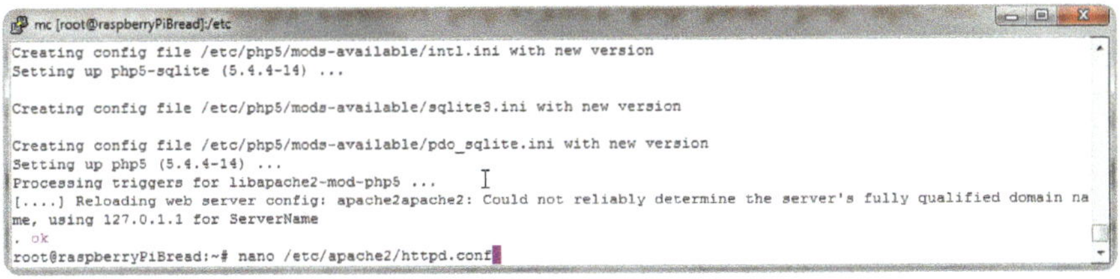

Erst mit dem neuen Eintrag `ServerName localhost` in der Datei `/etc/apache2/httpd.conf` eliminieren Sie diese Fehlermeldung.

Im nächsten Schritt ändern Sie die Berechtigungen für `AllowOverride` auf dem Apache über die Konfigurationsdatei `000-default`.

```
nano /etc/apache2/sites-enabled/000-default
```

Stellen Sie den Wert bei `AllowOverride` von `None` auf `All` und aktivieren Sie vorsichtshalber die Module `rewrite` und `headers` auf dem Apache-Webserver.

```
a2enmod rewrite && a2enmod headers
```

Falls die Module bereits eingeschaltet sind, ist das kein Beinbruch, dann erscheint die Meldung `Module rewrite already enabled`. Für den PHP-Betrieb mit ownCloud benötigen Sie noch einen kleinen Eingriff in der `php.ini`-Datei, um die zulässige Dateigröße für den ownCloud-Betrieb anzupassen. Standardmäßig ist sie auf 2 MByte festgelegt.

```
nano /etc/php5/apache2/php.ini
```

Anschließend suchen Sie per Tastenkombination Strg+W nach den Einträgen `upload_max_filesize` und `post_max_size` und ändern dort jeweils den Wert von `2M` bzw. `8M` auf `4G`, um die maximal zulässige Dateigröße auf 4 GByte zu erhöhen. Läuft auf dem Raspberry Pi bereits ein Apache-Webserver, starten Sie diesen anschließend neu:

```
/etc/init.d/apache2 restart
```

Alternativ zum Befehl `/etc/init.d/apache2 restart` können Sie auch das Kommando

```
apache2ctl restart
```

nutzen, um den laufenden Apache-Prozess zu beenden und neu zu starten.

1.2.2 ownCloud: Installation und Konfiguration

Im nächsten Schritt entpacken Sie die heruntergeladene Datei zunächst in das Home-Verzeichnis des Users `root` und kopieren anschließend den Inhalt rekursiv in das Stammverzeichnis `/var/www` des Apache-Webservers. Passen Sie dieses Stammverzeichnis bezüglich der Berechtigungen für den Zugriff der Gruppe/Benutzer `www-data` an. Im nächsten Schritt legen Sie auf der USB-Festplatte für die Daten von ownCloud ein eigenes Verzeichnis an (hier: `/media/usbhdd/owncloud/data`) und setzen abermals die passenden Berechtigungen für die Gruppe bzw. den Benutzer `www-data`.

```
cd ~
tar -xjf owncloud-8.2.0.tar.bz2
cp -r owncloud /var/www
chown -R www-data:www-data /var/www
mkdir -p /media/usbhdd/owncloud/data
chown -R www-data:www-data /media/usbhdd/owncloud/data
/etc/init.d/apache2 restart
```

Im nächsten Schritt nutzen Sie auf dem Computer den Webbrowser, um `ownCloud` einzurichten. Um auf die Konfigurationsseite zu gelangen, reicht die IP-Adresse des Raspberry Pi in der Adresszeile des Webbrowsers aus. Erscheint hier die Fehlermeldung

```
Can't write into config directory 'config'
You can usually fix this by giving the webserver user
write access to the config directory in owncloud
```

dann führt eine erneute Eingabe des Befehls

```
chown -R www-data:www-data /var/www
/etc/init.d/apache2 restart
```

zum Ziel.

Grundinstallation erfolgreich: Über die Weboberfläche konfigurieren Sie ownCloud nach Ihren Wünschen. Zunächst legen Sie einen Administrator fest und tragen das gewünschte Kennwort für ihn ein, um anschließend den Speicherpfad (per Klick auf `Fortgeschritten`) einzutragen. Per Klick auf `Installation abschließen` ist die Installation von ownCloud zunächst erledigt.

Der hier festgelegte Administrator von ownCloud muss kein Systembenutzer auf dem Raspberry Pi sein. Sie können später weitere, auch nicht administrative Konten anlegen. Das erledigen Sie nach dem Login im linken unteren Bereich über das Zahnradsymbol im Administrator-Menü. Naturgemäß ist die ownCloud anfangs noch komplett leer. Um etwas hochzuladen, klicken Sie auf den Pfeil oben links.

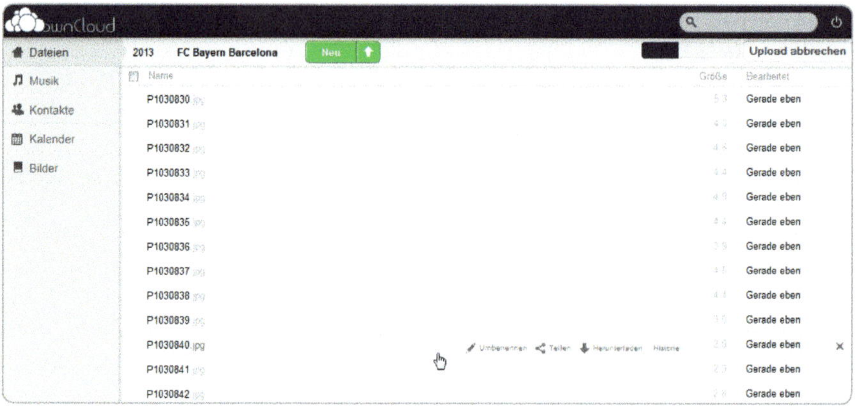

Es lassen sich auch mehrere Dateien auf einmal auswählen und blockweise hochladen.

Die eingerichtete ownCloud-Installation lässt sich nun im Heimnetz von jedem Computer aus per Webbrowser über die IP-Adresse des Raspberry Pi verwenden, egal ob es sich um einen Windows-, Mac- oder Linux-Computer oder ein Smartphone handelt. Für die mobile Fraktion, also den Zugriff via Android- und iOS-Smartphone oder Tablet, stehen in den entsprechenden App-Stores die passenden ownCloud-Clients zur Verfügung. Im Gegensatz zu ownCloud sind diese Apps jedoch leider nicht kostenlos.

In Sachen Heimautomation haben Sie nun die Möglichkeit, die gewünschten Daten – beispielsweise Log-Dateien, Bilder einer Überwachungskamera, Wetterinformationen und dergleichen mehr – in den entsprechenden Unterverzeichnissen auf der externen Festplatte unterzubringen. Das kommt dem Speicherbedarf auf der SD-Karte des Raspberry Pi entgegen.

Mit einer installierten bzw. eingerichteten dynamischen DNS-Adresse sowie der passenden Portweiterleitung im LAN/WLAN-Router ist der Zugriff auf die Cloud Marke Eigenbau auch aus dem Internet problemlos möglich. In diesem Fall sollten Sie aus Sicherheitsgründen jedoch anstatt des HTTP-Protokolls das sicherere HTTPS-Protokoll verwenden und die Apache-Konfiguration entsprechend ändern.

1.2.3 Mehr Sicherheit: Benutzerkonto absichern

Spätestens jetzt, wenn die ownCloud-Installation des Raspberry Pi über das Internet erreichbar ist, ist es auch höchste Zeit, den Computer bzw. die entsprechenden User-Konten abzusichern, um möglichen Einbrechern wenig Zerstörungsspielraum zu geben. Grundsätzlich sollten Sie das Standard-Benutzerkonto `pi` bereits angepasst und das Standard-Kennwort `raspberry` auf ein sicheres Kennwort Ihrer Wahl ändern. Dies erledigen Sie bekanntlich mit dem Kommando

```
sudo passwd pi
```

Geben Sie das neue Kennwort ein und bestätigen Sie es im zweiten Schritt. Mit der Benutzerkennung `pi` können Sie sich per `sudo`-Kommando auch die administrativen `root`-Rechte holen. Wer für das `root`-Konto auf dem Raspberry Pi ebenfalls ein persönliches Passwort setzen möchte, der erledigt dies mit den folgenden Befehlen:

```
sudo -i
passwd
```

Tragen Sie zunächst das neue Kennwort und anschließend die Kennwortbestätigung ein, um das `root`-Konto mit einem persönlichen Kennwort abzusichern.

1.3 COMPUTER ZU HAUSE FERNSTEUERN: SMARTPHONE ALS TASTATUR

Egal ob Sie mit Windows, Mac OS oder Linux arbeiten: Sämtliche Betriebssysteme bieten standardmäßig oder mit etwas Software-Nachhilfe die Möglichkeit, die grafische Benutzeroberfläche auf den Smartphone-Bildschirm zu holen, ohne dass am Computer ein Bildschirm angeschlossen sein muss oder Sie davor sitzen müssen. Während das Remotedesktop-Protokoll bei den moderneren Windows-Versionen bereits mit an Bord ist, muss es unter Mac OS und Linux nachträglich installiert werden. Möchten Sie beispielsweise ein Linux/Debian-System auf das Smartphone holen, dann installieren Sie den Remotedesktop nach:

```
sudo apt-get install xrdp
```

Ab Windows 7 geben Sie in das Suchfeld im Suchfenster »Remotedesktop« ein und starten anschließend den Verbindungsaufbau durch Eingabe des Computernamens oder der IP-Adresse.

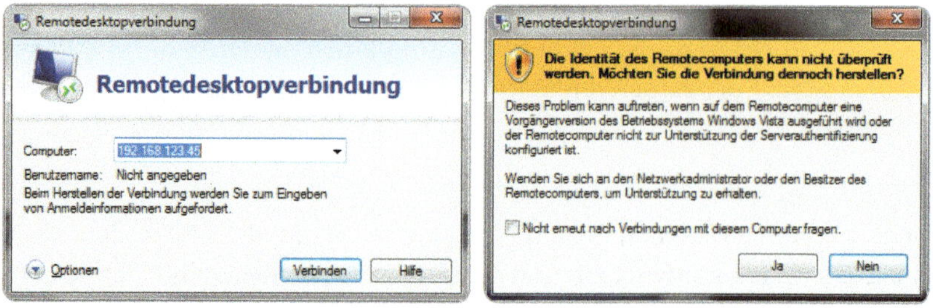

Nach dem Start des unter Windows standardmäßig verfügbaren `Remotedesktop` klicken Sie zunächst den aufpoppenden Sicherheitshinweis weg.

Ist die Gegenstelle beispielsweise ein Debian-basiertes Raspbian auf dem Raspberry Pi, dann erscheint der Login-Bildschirm der grafischen Benutzeroberfläche des Raspberry Pi auf dem Windows-Bildschirm. Nutzen Sie im Feld `username` den Benutzer `pi` samt dem dazugehörigen Passwort, um sich einzuloggen.

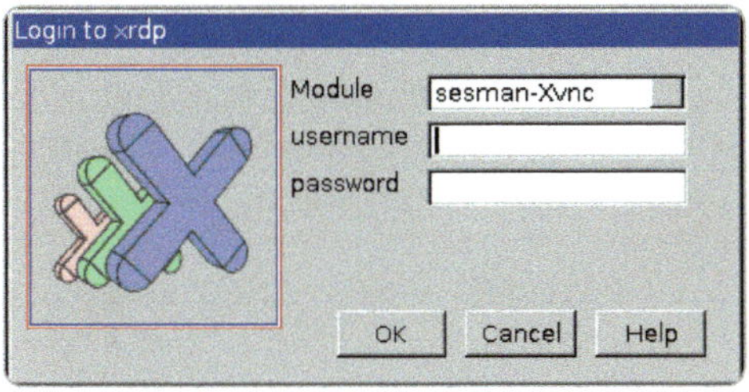

Etwas Geduld bitte: Bis die Daten geladen sind und dargestellt werden, dauert es wenige Sekunden.

Erscheint hingegen nach dem Start von `xrdp` und dem Login-Versuch eine Fehlermeldung mit dem Text

```
connecting to 127.0.0.1 5910
error - problem connecting
```

ist der installierte notwendige `tigntvncserver`-Dienst möglicherweise defekt. Dann deinstallieren Sie zunächst das `xrdp`- und das `tightvncserver`-Programm und installieren beide erneut:

```
sudo apt-get remove xrdp -y
sudo apt-get remove tigntvncserver -y
sudo apt-get install tigntvncserver -y
sudo apt-get install xrdp -y
```

Was jetzt noch fehlt, ist die eigentliche Software – installieren Sie sie auf dem gewohnten Weg über `sudo apt-get xrdp install` nach. Nach der Installation ist der entsprechende Dienst aktiv, und im nächsten Schritt sorgen Sie für das passende Gegenstück in Form eines Remotedesktop-Clients, um auf den installierten Serverdienst zuzugreifen.

1.3.1 Remotedesktop auf dem Smartphone

Ist anschließend die grafische Oberfläche auf dem Zielcomputer gestartet, braucht es nur noch die passende App, um auch mit dem Smartphone einen Remotezugriff auf die Betriebssystem-Funktionen zu erhalten. Für das Remotedesktop-Protokoll stehen in den jeweiligen App-Stores für Android- und iOS-Geräte verschiedene Lösungen zur Verfügung. In diesem Beispiel kommt die kostenlose Lösung `Microsoft Remote Desktop` zum Einsatz – es sind auch andere kostenfreie Apps verfügbar, die jedoch intensiv mit eingebetteter Werbung arbeiten und so zum Kauf der Vollversion animieren möchten.

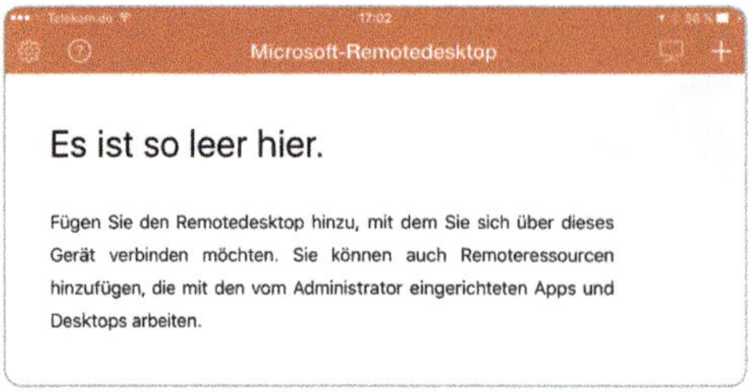

Nach der Installation weist der Begrüßungsbildschirm darauf hin, dass noch keine Remote-Verbindungen gestartet und als Lesezeichen gesichert wurden.

Im nächsten Schritt fügen Sie der Remotedesktop-App den Beispielserver – den Raspberry Pi mit installiertem Raspbian – hinzu. Wählen Sie rechts oben das +-Symbol und den Eintrag `PC oder Server hinzufügen`, um einen Computer für eine Verbindung über das RDP-Protokoll einzutragen. Auf der Konfigurationsseite tragen Sie den eindeutigen Rechnernamen ein oder – im Heimnetz oftmals besser – die IP-Adresse. Die Eingabe des für den Login benötigten Benutzernamens sowie des dazugehörigen Kennworts sind hier optional.

Nach dem Anlegen wird die Desktop-Verbindung als Lesezeichen auf dem Smartphone geführt. Damit ersparen Sie sich die manuelle Konfiguration nach dem Start der App.

Ist das Lesezeichen angelegt, brauchen Sie nur noch die entsprechende Verknüpfung auszuwählen und das zum Login auf dem Zielcomputer benötigte Kennwort einzugeben. Je nach Verbindungsqualität und Bandbreite kann der erstmalige Login auf dem Zielsystem etwas dauern. Die Bedienung eines Computers ist vom Smartphone aus grundsätzlich möglich, doch komplizierte Dinge sollten Sie lieber am Computer erledigen, da die Tastaturemulation auch bei einem Smartphone mit 5-Zoll-Bildschirmgröße nahezu die Hälfte des Anzeigebildschirms beansprucht.

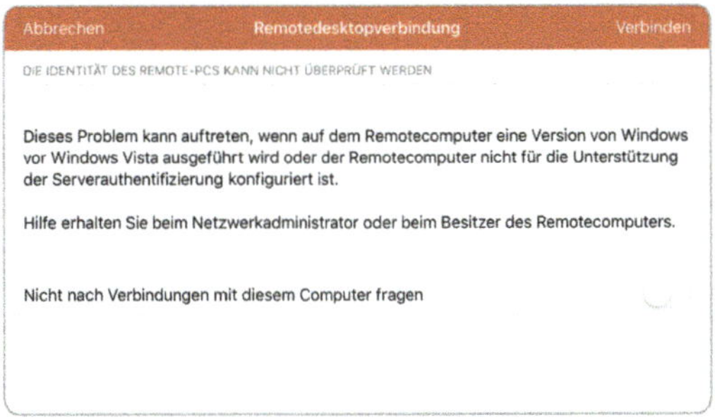

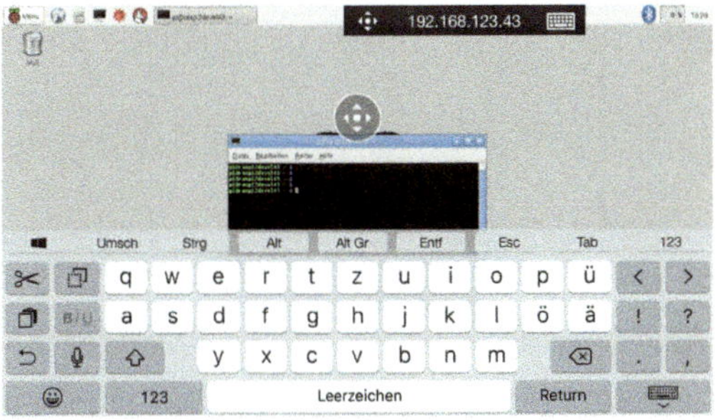

Für kleinere Wartungsarbeiten in der Konsole sollten Sie sich vorab Hilfsskripte erstellen, die im Bedarfsfall keine langen Eingaben oder Sonder- und Steuerzeichen in der Kommandozeile benötigen.

Für das klassische Arbeiten taugen die Remotedesktop-Lösungen auf dem Smartphone aufgrund der reduzierten Bildschirmgröße nur bedingt – auf dem Smartphone einen längeren Text über die virtuelle Tastatur einzutippen stellt auch für Power-User eine Herausforderung dar. In der Praxis helfen in der Unix-Welt für kleinere Wartungsarbeiten Shellskripte enorm. Damit lassen sich eine Reihe von Aufgaben manuell anstoßen, die bereits vorab in einem oder mehreren Skripten festgelegt sind.

2 UNTERHALTUNGS- UND HAUSHALTS-ELEKTRONIK PER APP STEUERN

Unterhaltungs- und Haushaltsgeräte zählen zusammen mit Computern aller Art – samt Zubehör wie Steckdosen, Lampen und Beleuchtungselementen – zu den Geräten, die sich auf einem halbwegs aktuellen Smartphone zusammenführen lassen. Setzen Sie keine eigene Logik in Form einer zentralen Steuerung der Geräte ein, die als Mastermind in der Hausautomation fungiert, dann wird die Intelligenz und Steuerung über die jeweiligen Anwendungen auf dem Smartphone erledigt. Dies bedeutet aber oftmals auch, dass eine Steuerung ausschließlich nur mit diesem (und zwar nur mit diesem) Smartphone möglich ist. Haben Sie das Gerät beispielsweise im Büro vergessen, kann es heikel werden. Doch so weit sollten Sie es nicht kommen lassen, sondern stattdessen auf die Kopplung diverser Apps mit der vorhandenen Elektronik wie TV-Receiver, smarten Heizkörper-Thermostaten oder Wetterstationen setzen, die es mittlerweile von vielen verschiedenen Anbietern gibt. Dies gilt ebenfalls für die unzähligen am Markt erhältlichen Smart-TV-Boxen, die allerdings teilweise gar nicht so smart sind und sich nicht einmal über das Smartphone bedienen lassen. Das persönliche Smart Home gewinnt seinen speziellen Reiz dadurch, dass Sie selbst Hand anlegen können – dabei kann der heimische Fernseher im Wohnzimmer zusammen mit dem Smartphone als Steuerzentrale fungieren.

2.1 FUNKEN UND STEUERN: DAS SMARTPHONE ALS FERNBEDIENUNG

Der Markt der TV-Boxen ist seit eh und je sehr unübersichtlich. Bezieht man die Kostenlos-Boxen der TV-Anbieter wie Kabel Deutschland/Vodafone, Sky, Kabel BW und viele mehr mit ein, wird das Geflecht noch undurchschaubarer. Viele TV-Boxen haben eine eigene RJ45-Netzwerkbuchse und/oder einen WLAN-Anschluss, mit dem sie sich traditionell steuern lassen – also Senderwechsel und Lautstärkeregulierung –, und sämtliche Funktionen stehen über eine eigene Schnittstelle zur Verfügung. Diese wird von einer eigenen App angezapft und gesteuert – entweder direkt oder webbasiert über den zentralen Server des TV- bzw. TV-Service-Anbieters. Hochwertigere TV-Boxen wie die VU+ bieten eine Webschnittstelle über HTTP an bzw. lassen sich nachrüsten, sodass sich die TV-Box über das Smartphone oder das Tablet im Heimnetz bedienen lässt. Dazu gehört auch eine übersichtliche Darstellung der EPG-Daten des TV-Programms. Wer beispielsweise in seiner TV-Box noch eine Festplatte verbaut hat, kann diese Übersicht gleich als Basis für die Programmierung der Aufnahmen verwenden – ähnlich wie früher bei einem Videorecorder.

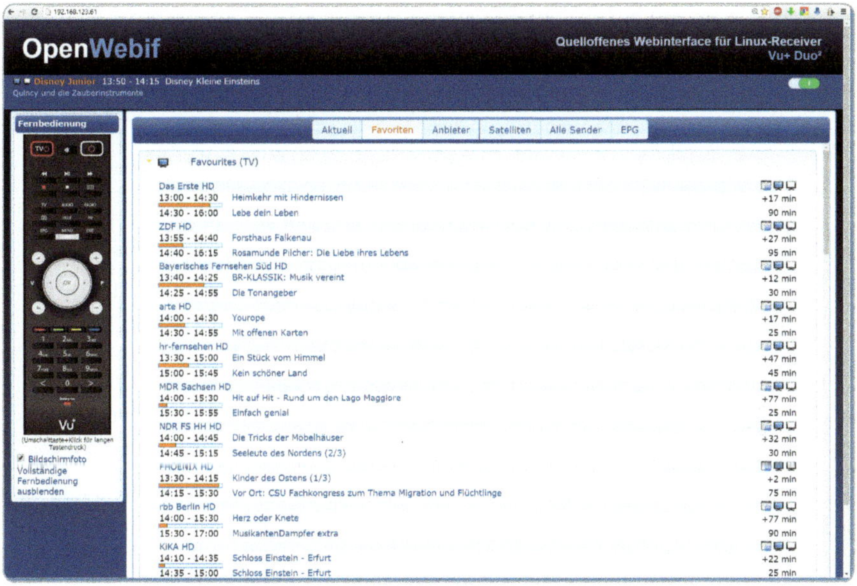

Das quelloffene Web-Interface für Linux-Receiver: Volle Flexibilität erreichen Sie mit OpenWebif, das sich auf vielen Linux-basierten TV-Receivern befindet bzw. dort bequem nachrüsten lässt.

Doch nicht nur der mangelnde Komfort, sondern auch die Steuerung ist bei vielen Geräten ein Ärgernis. Jedes neue technische Gerät bringt eine weitere Fernbedienung mit sich, und jede Fernbedienung hat ein anderes Erscheinungsbild: Wichtige und häufig benötigte Tasten sind unterschiedlich angeordnet, und dementsprechend ist die Bedienung, je nach Geschmack, entweder als komfortabel oder als katastrophal zu bezeichnen. Versteckt der Sohn gerne die TV-Fernbedienung oder finden Sie in dem Dickicht der unzähligen verschiedenen Fernbedienungen im Wohnzimmer nicht die für den TV-Receiver passende, können Sie auch das Smartphone nutzen – ganz gleich, ob es sich dabei um ein iOS- oder ein Android-Gerät handelt –, um die TV-Box zu steuern. Sie finden im Dickicht der TV-Receiver für nahezu jedes Modell eine Lösung. Entweder nutzen Sie eine eigene App des TV-Box-Herstellers, ein Fremdprodukt, oder Sie bauen mithilfe einer lernfähigen Fernbedienung bzw. einer Allround-Lösung wie der Logitech-Harmony-Serie einfach selbst etwas.

2.1.1 VU+-Duo 2: die TV-Box für Tüftler

Wenn Sie eines Tages Ihren TV-Service-Anbieter wechseln, indem Sie beispielsweise den TV-Vertrag (Entertain in allen Variationen) mit der Telekom kündigen, sind TV-Aufnahmen auf dem IPTV-Receiver von heute auf morgen Geschichte, denn sie lassen sich nicht mehr abspielen. Das passiert auch dann, wenn Sie einen Kabel-TV-Vertrag samt Leih-TV-Recorder im Einsatz haben. Auch die Hardware ist nach der Vertragskündigung reif für den Schrottplatz: Der TV-Receiver ist in der Regel Bestandteil des TV-Servicevertrags. Wer ein Leihgerät mit monatlicher Miete sein Eigen nennt, muss es nach Vertragsende zurückschicken. Und bei einem Kaufgerät haben Sie einen Briefbeschwerer, da sich die Kanäle nicht mehr abrufen lassen. Die vorhandenen Aufnahmen auf der TV-Box lassen sich nicht mehr abspielen – DRM sei Dank. Da in Sachen Hardware jeder TV-Anbieter sein eigenes Süppchen kocht, sind die anfangs gesponserten, günstigen Geräte von jetzt auf gleich nutz- und wertlos.

Die TV-Boxen von VU+ (`www.vuplus.de`) sind auf den ersten Blick Receiver wie jeder andere auch, doch bei genauerem Hinsehen steckt mehr in den schwarzen TV-Kästen: Obwohl das leichte Gehäuse nicht wirklich viele Bauteile enthält, leistet diese Box Erstaunliches. Das liegt vor allem daran, dass die Software sowie die Alternativ-Software auf die verbauten Hardware-Komponenten zugeschnitten sind und kein langsames Betriebssystem Ressourcen verschwendet. Mit den Modellen von VU+ können Sie mehr machen als nur fernsehen: Sie können beispielsweise Filme auf eine angeschlossene Festplatte aufnehmen, das TV-Programm übersichtlich darstellen lassen und vieles mehr.

Darüber hinaus können Sie Ihren Alleskönner für SAT- und Kabelempfang weiter verbessern, und zwar mithilfe einer angepassten Firmware für den TV-Receiver. Damit rüsten Sie viele Funktionen nach, wie z.B.:

- bequeme Steuerung der Box über die Webschnittstelle
- nach Wunsch angepasste Benutzeroberfläche
- bequeme Sortierung der Kanallisten und Bouquets am Computer
- Aufnahme der TV-Sendungen einfach per Knopfdruck starten
- übersichtliche TV-EPG-Zeitschrift auf dem Bildschirm
- Bedienungskomfort beim Abspielen
- Anhalten des TV-Programms, um beispielsweise ein frisches Getränk aus der Küche zu holen

Linux-kompatible TV-Boxen für jeden Anwendungszweck, ob mit oder ohne Festplatte, SAT/Kabel/DVB-T oder Streaming-Möglichkeiten. VU+ hat verschiedene Modelle im Sortiment, die das TV-Erlebnis mit Smartphone-Bedienung auf ein neues Niveau heben.

Der Geschwindigkeitsvorteil der neuen Software macht sich schon beim Anschalten und vor allem beim Umschalten, also beim Zapping durch die Kanäle, bemerkbar. Zudem lassen sich viele Funktionen, Menüs und Tasteneinstellungen anpassen. Durch den integrierten Speicher hält VU+ je nach Programmanbieter die meisten Programminfos für mehrere Tage im Voraus zum Abruf bereit – einfach genial, wenn Sie wissen möchten, was in den nächsten Tagen im TV zu sehen ist. So sparen Sie nicht nur Zeit, sondern auch das Geld für die monatliche TV-Zeitschrift. In Verbindung mit einem Computer holen Sie noch mehr aus der TV-Box heraus: So können Sie aus einem freigegebenen Verzeichnis des Computers heraus Videodateien anschauen oder dort sogar Filme abspeichern, die gerade angeschaut werden. Das gestreamte Videomaterial lässt sich anschließend im Nu auf eine DVD brennen oder auf ein Smartphone übertragen, sodass Sie Ihre Filme auch unterwegs genießen können.

Mehr Funktionen und Komfort: VU+-Duo flashen

Die Grundvoraussetzung für ein besseres Betriebssystem auf der TV-Box ist ein angepasstes Image. Dieses wird von der VU+-Community (`www.vuplus-support.org`) für jedes Modell bereitgestellt und auf dem aktuellen Stand gehalten. Gerade für jene, die bisher noch nichts mit TV-Boxen und der dazugehörigen Firmware zu tun hatten, empfiehlt es sich, die vorhandene VU+-TV-Box per USB-Schnittstelle zu aktualisieren. Das VU+-Team-Image ist das Schweizer Taschenmesser für Ihre VU+-TV-Box. Ganz gleich, ob Sie sie beispielsweise mit einem neuen Betriebssystem ausstatten, eine Sicherheitskopie des Betriebssystems oder der Einstellungen und Kanäle anlegen möchten – die angepasste Firmware macht die TV-Box für sämtliche Zwecke komfortabler. Diese Firmware steht für alle TV-Boxen zur Verfügung: Nach Anmeldung auf der VU+-Community-Seite wechseln Sie einfach in den Bereich, der Ihrer TV-Box zu Hause entspricht.

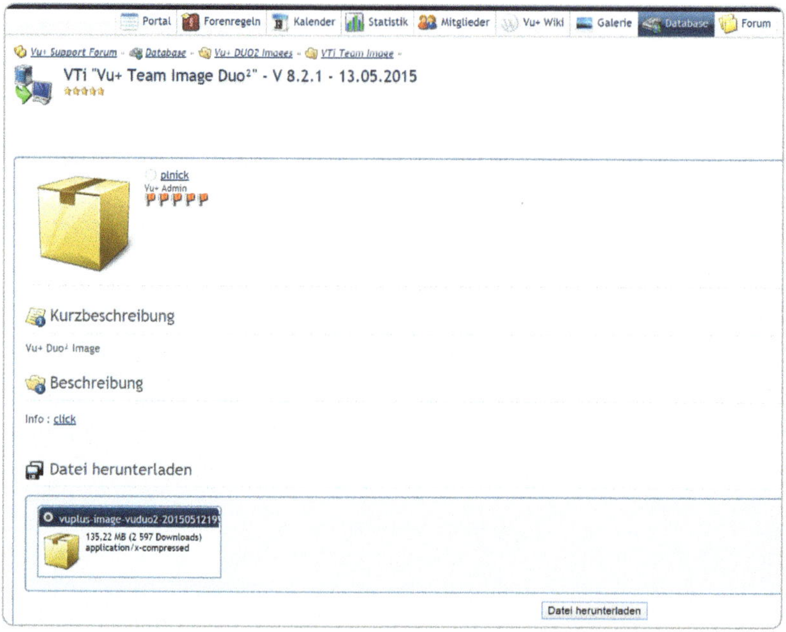

Für jedes Modell gibt es nicht nur unterschiedliche Gruppen im Forum, sondern auch unterschiedliche Team-Image-Versionen, die genau auf die jeweilige TV-Box zugeschnitten sind.

Die Vorgehensweise beim Einspielen über die USB-Schnittstelle ist in etwa immer dieselbe, unabhängig von dem Modell der TV-Box:

- alternative Firmware für die TV-Box besorgen
- Download-Datei entpacken und auf FAT32-formatierten USB-Stick übertragen
- USB-Stick in USB-Buchse der TV-Box stecken und TV-Box neu starten. Je nach Box gegebenenfalls das Booten per Reset-Knopf antriggern.
- auf die Rückmeldung warten, dass die Firmware erfolgreich übertragen wurde

Um auf der VU+-TV-Box eine alternative Firmware zu installieren, muss die Box lediglich an die Spannungsversorgung und an den Fernseher angeschlossen sein. Ein Kabel, ein SAT-Signal oder ein Ethernet-Netzwerkzugang sind nicht zwingend nötig.

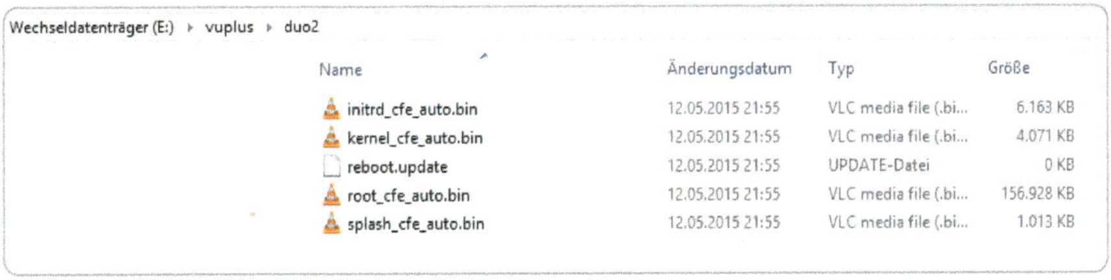

Achten Sie beim Download der alternativen Firmware auf die USB-Version. Anschließend entpacken Sie den Inhalt - insbesondere den Ordner `vuplus` mit seinen Unterverzeichnissen samt den `initrd`-, `kernel`- und `root`-Dateien - auf einen mit dem Dateisystem FAT32 formatierten USB-Stick.

Entfernen Sie den präparierten USB-Stick wie gewohnt vom Computer und stecken Sie ihn in den USB-Anschluss der TV-Box. Je nach Modell ist der USB-Anschluss etwas versteckt – bei einer VU+ DUO2 befindet sich der USB-Port auf der Vorderseite. Wenn Sie die TV-Box mit dem Netzschalter einschalten, liest der Bootloader den USB-Stick aus und überträgt das Image auf die TV-Box. Nach wenigen Minuten sollte auf dem Display der TV-Box die Meldung `Finished - Remove USB and reboot` erscheinen. Entfernen Sie den USB-Stick und starten Sie die TV-Box per Netzschalter neu, um die Firmware der TV-Box zu aktualisieren. Wenn die alternative Firmware Ihren Ansprüchen nicht genügt, können Sie die Installation auf dem beschriebenem Weg rückgängig machen und die Original-Firmware des Herstellers verwenden, die Sie unter der Adresse `http://code.vuplus.com/` für Ihr VU+-Gerät kostenfrei beziehen können. Nach einem Neustart mit der neuen Firmware sichern Sicherheitsbewusste zunächst die Kommandozeile ab, damit der standardmäßig offene `root`-Zugang für Unberechtigte geschlossen ist. Bringen Sie über den LAN/WLAN-Router die von der TV-Box verwendete IP-Adresse in Erfahrung und melden sich mit einem telnet- oder ssh-Client dort an.

```
pi@fhemraspian ~ $ ssh root@192.168.123.61
root@192.168.123.61's password:


  www.vuplus-support.org
         home of

 /$$     /$$ /$$$$$$$$ /$$
| $$    | $$|__  $$__/|__/
| $$    | $$   | $$    /$$
|  $$ / $$/    | $$   | $$
 \  $$ $$/     | $$   | $$
  \  $$$/      | $$   | $$
   \  $/       | $$   | $$
    \_/        |__/   |__/

   Welcome on your Vu+ !

root@vuduo2:~# passwd
Changing password for root
New password:
Bad password: too weak
Retype password:
Password for root changed by root
root@vuduo2:~#
```

Nach dem Aufspielen des frischen Image ist als Standard kein Passwort gesetzt. Deshalb empfiehlt es sich aus Sicherheitsgründen, per SSH eine Verbindung zur VU+-TV-Box aufzunehmen und mit `passwd` ein neues und vor allem sicheres Passwort für den `root`-Benutzer zu setzen.

Nach dem Neustart der TV-Box startet die alternative Firmware auch die neue Benutzeroberfläche, die Sie wie gewohnt über die Fernbedienung steuern können. Zuvor jedoch setzen Sie mithilfe des Setup-Assistenten die Einstellungen, die für jede Umgebung etwas unterschiedlich sein können. Nach der Konfiguration des Tuner-Setups bzw. des Sendersuchlaufs nehmen Sie die frische Oberfläche endgültig in Betrieb. Viel Spaß bei den ersten Schritten mit einem selbst installierten Firmware-Image auf der TV-Box!

Schalten, Walten, Streamen – TV-Box per Computer und App

Die Nutzung von Streaming- und Fernbedienungs-Apps für TV-Boxen ist ein breites Feld und natürlich von den persönlichen Vorlieben des Benutzers abhängig. Für den Zugriff auf Enigma2-basierte TV-Boxen, wie jene aus dem Hause VU+, lassen sich diverse kostenfreie wie auch kostenpflichtige Apps aus den App-Stores verwenden. Sie können mit Schlagworten wie `enigma2`, `vu plus` o. Ä. verschiedene Apps für Ihre TV-Box suchen und mit Ihrem Smartphone ausprobieren.

Im Rahmen dieses Projekts kamen die in der folgenden Tabelle genannten Apps zum Einsatz. Für ihren Zweck leisten alle perfekt ihren Dienst.

APP	IOS	ANDROID
Fernbedienung	e2RemotePro (Preis: 6,99 Euro)	VU+ Remote Control (kostenlos)
Streaming	VideoLANClient (kostenlos)	VU+ PlayerHD (kostenlos)
	e2RemotePro (Preis: 6,99 Euro)	VideoLANClient (kostenlos)

Für eine praktische Anzeige auf dem Tablet oder Smartphone sorgt die EPG-Übersicht, die gleichzeitig auch zur Navigation und zum Umschalten genutzt werden kann.

EPG-TV-Programm, analog zur Webausgabe: Mit der kostenpflichtigen e2RemotePro-App haben Sie auf dem iOS-Gerät sämtliche Funktionen der VU+-TV-Box auf dem Smartphone und Tablet.

Die kostenpflichtige App `e2RemotePro` lässt sich nicht nur im Heimnetz, sondern auch unterwegs über das Mobilfunknetz verwenden. Wer beispielsweise sein persönliches TV-Programm von daheim auf dem Smartphone empfangen möchte, kann die modifizierte VU+-TV-Box als Streaming-Server nutzen und auf dem Minibildschirm des Smartphones die Wiedergabe des Live-TVs starten.

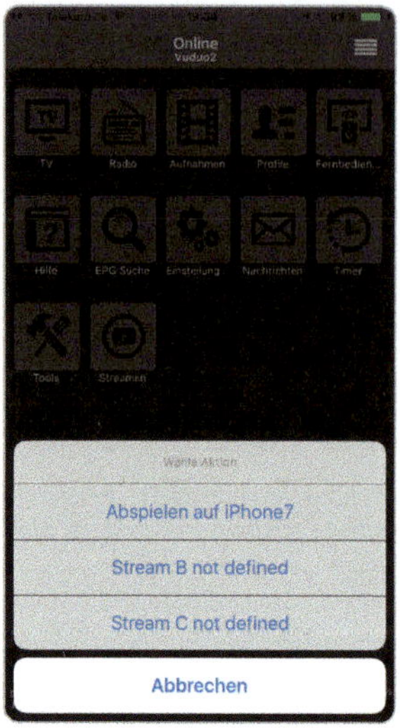

Bei der Streaming-Wiedergabe des gewünschten Inhalts lässt sich nicht nur das iOS-Gerät, sondern auch ein alternatives Streaming-Programm verwenden, das zuvor über die Einstellungen in der App `e2RemotePro` festgelegt wird.

Wenn Sie das Streaming für die Wiedergabe auf dem Smartphone oder Tablet starten, beginnt im Heimnetz sofort die Übertragung des aktuell gewählten TV-Programms.

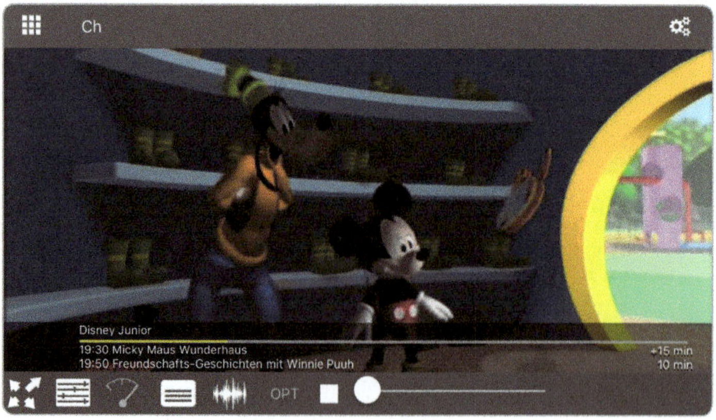

Bei der Streaming-Wiedergabe des heimischen TV-Programms ist eine passende WLAN-Geschwindigkeit im Heimnetz das A und O, damit die Wiedergabe ruckelfrei ist.

So wird das TV-Programm in Vollbildgröße auf dem Smartphone bzw. Tablet gestreamt. Das ist beispielsweise dann praktisch, wenn das Kind partout nicht auf seine tägliche Serie oder TV-Sendung verzichten möchte und im Wohnzimmer wegen Nachbarschaftsbesuch der vorhandene TV-Schirm ausgeschaltet bleiben soll.

TV-Box in der Hausautomation

Neben der klassischen Bedienung und Nutzung über das Smartphone lässt sich die TV-Box auch im Rahmen der Heimvernetzung und Heimautomation verwenden. So bietet die Enigma2-kompatible VU+-TV-Box beispielsweise das Nachrüsten eines Fritz!Box-Plugins an, mit dessen Hilfe sich ankommende Anrufe per Hinweisschaltfläche im laufenden TV einblenden lassen.

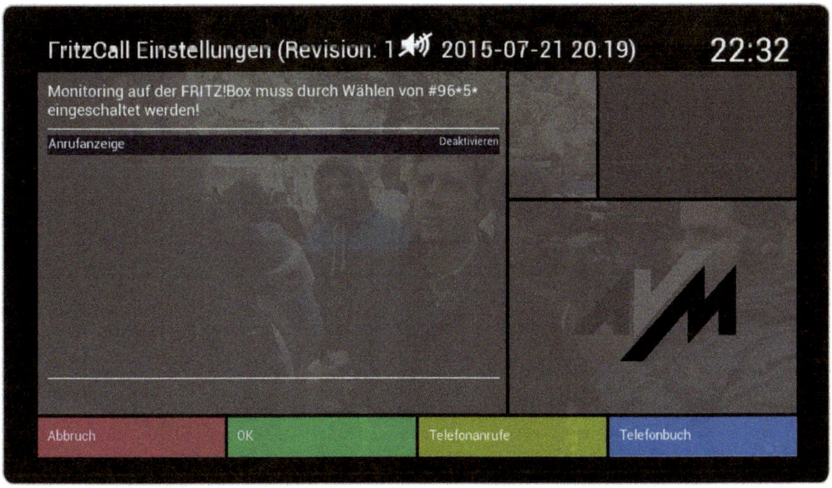

Wichtiger Hinweis bei der Installation über die TV-Box: Bevor das FRITZ!Box-Plugin wirken kann, muss das Monitoring auf der angeschlossenen FRITZ!Box mithilfe eines an der FRITZ!-Box genutzten Telefons mit der Tastenfolge #96*5* eingeschaltet werden.

Sollen das Zuhause weiter vernetzt und die vorhandenen Geräte miteinander verbunden werden, gibt es verschiedenste denkbare Anwendungsfälle. So lassen sich normale Haushaltsgeräte wie Spül- oder Waschmaschine, Klingel- oder Türstationen überreden, auch eine Meldung loszuwerden. Je nach Umfang und Anspruch an die Benachrichtigung ist jedoch einiger Aufwand nötig.

In der Regel benötigen Sie eine Art Kommandozentrale, die die Steuerung der Nachrichten und die Überwachung der anliegenden Aufgaben übernimmt. Im Heimanwenderbereich kommt meist die kostenfreie FHEM[1]-Lösung zum Einsatz, die für Einsteiger allerdings mit einem gewissen technischen Einarbeitungsaufwand verbunden ist.

2.1.2 FRITZ!Box-Festnetz mit Kabel/SAT-TV-Box koppeln

Der Bildschirm im Wohnzimmer ist nicht nur für die TV-/DVD-/Blue-Ray-Wiedergabe, sondern auch als Anzeigegerät für die nach Wunsch konfigurierte TV-Box die erste Wahl. Denn während Sie bequem auf dem Sofa sitzen, kann die TV-Box Sie beispielsweise darüber informieren, dass die Waschmaschine oder der Trockner fertig gelaufen sind, dass die Haustür oder das Garagentor geöffnet wurden und dergleichen mehr. Darüber hinaus können Sie mithilfe eines passenden Plugins bewirken, dass die TV-Box mit der FRITZ!Box kooperiert, die in vielen Haushalten die Kommunikationszentrale für Internet und Telefon darstellt. Grundvoraussetzung dafür ist, dass der Festnetzanschluss über die FRITZ!Box konfiguriert wurde und dass an der FRITZ!Box mindestens ein Telefon (analog, DECT oder ISDN) angeschlossen und im Einsatz ist. Des Weiteren muss sich die TV-Box mit ihrem Netzwerkanschluss im Adressbereich der FRITZ!Box befinden, damit die Meldung der Anrufe sowie der Datenaustausch von Telefonbuch und Anrufliste sauber funktioniert. Für die Linux-Box – hier die VU+ Duo2 mit installiertem VTI-Image – steht für diesen Zweck das FritzCall-Plugin zur Verfügung. Nach der Installation und Einrichtung zeigt es Anrufe, die auf der FRITZ!Box ankommen oder darüber geführt werden, auf dem TV-Bildschirm an.

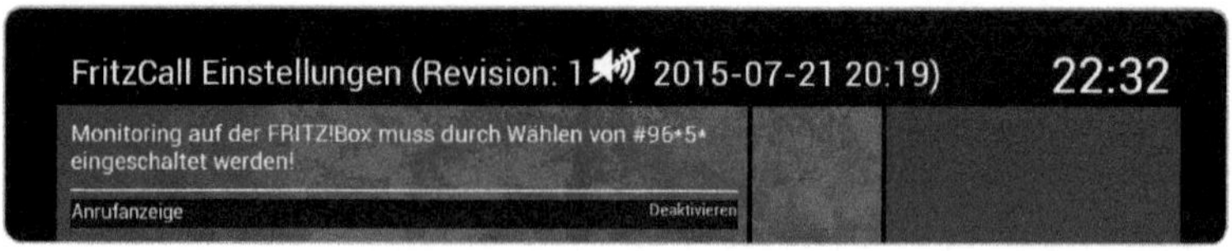

Ist das FritzCall-Plugin installiert, schalten Sie zunächst das Monitoring auf der FRITZ!Box über ein angeschlossenes Telefon ein.

Voraussetzung für den Betrieb der TV-Box mit der FRITZ!Box ist das Aktivieren des Monitorings der Telefonschnittstelle, das aus Datenschutzgründen standardmäßig deaktiviert ist. Der TCP/IP Port `1012` lässt sich über ein Telefon, das an die FRITZ!Box angeschlossen ist, per Eingabe der Ziffernfolge

1 Download unter *http://fhem.de*

#96*5* öffnen. Soll das Monitoring wieder abgeschaltet werden, verwenden Sie die Ziffernfolge #96*4*. Beachten Sie, dass das Monitoring z. B. nach einem Firmware-Update wieder eingeschaltet werden muss, wenn der Internet-Provider oder Sie ein Update auf die FRITZ!Box spielen.

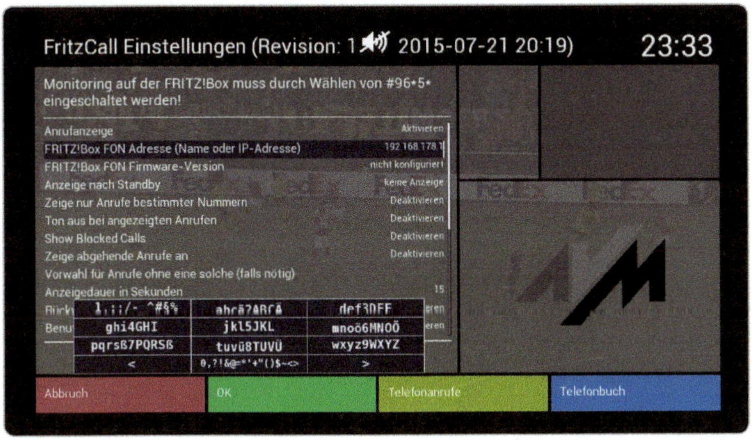

Wird das Menü **Anrufanzeige** in der TV-Box aktiviert, lassen sich die notwendigen Einstellungen für die TV-Box/FRITZ!Box-Kopplung vornehmen.

Die Freischaltung bzw. die Konfiguration über die Telefonwahltasten funktioniert meist nur über am analogen Eingang der FRITZ!Box angeschlossene Telefone. Wer mit angeschlossener ISDN-Telefonanlage zum Ziel kommen möchte, stößt auf Widerstände. Alternativ steht zum Übermitteln der nötigen Ziffernfolge der Umweg über das interne Telefonbuch und die Wahlhilfe zur Verfügung, um die Freischaltung des Ports durchzuführen. Wenn Sie an der FRITZ!Box kein Telefon angeschlossen haben oder Ihnen kein kompatibles Gerät zur Verfügung steht, legen Sie zunächst im internen Telefonbuch der FRITZ!Box einen neuen Eintrag mit der Rufnummer #96*5* an.

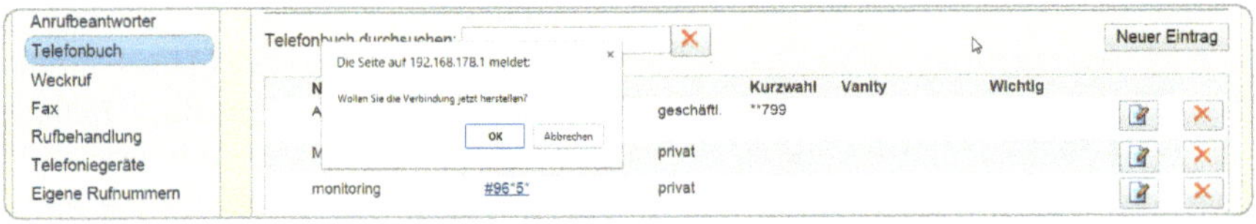

Ist der Telefonbucheintrag angelegt, klicken Sie im Telefonbuch auf die Rufnummer. Die FRITZ!Box baut dann umgehend über die interne Wahlhilfe die Verbindung auf.

Anschließend sollte ein Popup-Menü mit der Meldung `Wollen Sie die Verbindung herstellen?` erscheinen. Es lässt sich per Klick auf die `OK`-Schaltfläche schließen, und damit ist der Monitoring-Port geöffnet. Da die FRITZ!Box-Konfigurationsseiten gerade geöffnet sind, legen Sie über `System` → `FRITZ!Box-Benutzer` einen eigenen Benutzer für die TV-Box auf der FRITZ!Box an. In diesem Beispiel erhält das Konto die schlichte Bezeichnung `fritzcall`. Setzen Sie noch ein persönliches Kennwort, um den Zugriff abzusichern.

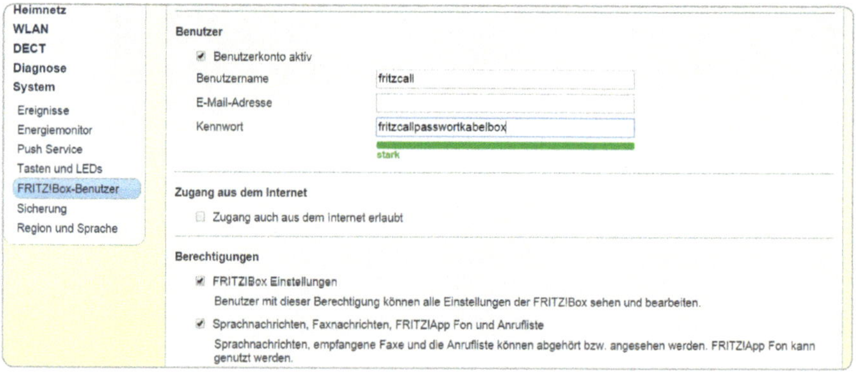

Egal ob DSL, LTE oder Kabel-Box: Über das Menü `System` → `FRITZ!Box-Benutzer` legen Sie einen eigenen Benutzer für den Zugriff der TV-Box auf die Telefonschnittstelle an.

Ist das Monitoring eingeschaltet und der Benutzer angelegt, wechseln Sie wieder zur TV-Box und den Einstellungen des FritzCall-Plugins. Im ersten Schritt schalten Sie mit der Fernbedienung die Anrufanzeige ein. Da hierin der wesentliche Bestandteil des Funktionsumfangs liegt, sollte diese Option bereits aktiviert sein. Im nächsten Schritt tragen Sie die IP-Adresse der FRITZ!Box in das Feld `FRITZ!Box Fon Adresse` ein. Kommt nur eine einzige FRITZ!Box im Heimnetz zum Einsatz, kann sie in der Regel auch mit dem `fritz.box`-Namen aufgelöst werden. Wichtig ist, dass sich die TV-Box sowie die FRITZ!Box über eine Netzwerkverbindung im gleichen Netz befinden.

Je nach Baujahr und Modell kann die Firmwareversion der FRITZ!Box unterschiedlich sein. Haben Sie sich auf der FRITZ!Box-Konfigurationsseite angemeldet, wird die installierte Version dort angezeigt. Wählen Sie also die passende Firmware bzw. den Bereich aus. Wenn Sie keine Auswahl treffen, zeigt das Plugin nur die Anrufe an. Weitere Funktionen wie Adressbuch und dergleichen werden dann nicht unterstützt.

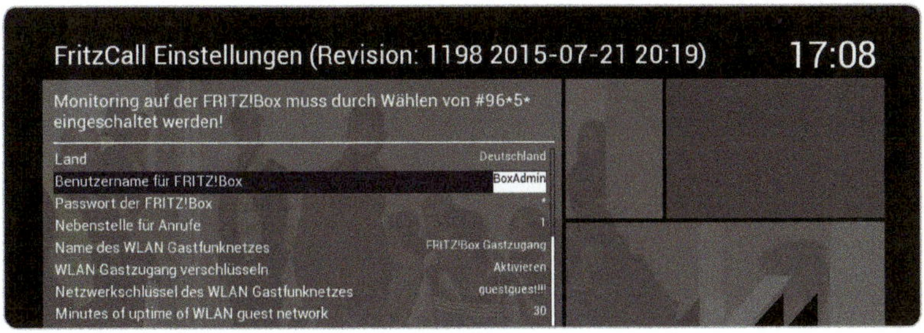

Wer möchte, kann über die Fernbedienung der TV-Box das in der FRITZ!Box konfigurierte WLAN für Gäste mit dem Namen »FRITZ!Box Gastzugang« ein- und ausschalten. Dafür muss es allerdings in der FritzCall-Plugin-Konfiguration hinterlegt sein.

Über die Option `Anzeige nach Standby` stellen Sie die Art der Anzeige ein, d. h., Sie legen fest, wie die Anrufe auf der TV-Box nach Rückkehr aus dem Standby dargestellt werden. Die anderen Optionen wie `Zeige nur Anrufe bestimmter Nummern` oder `anzuzeigende MSNs` sind selbsterklärend und für das weitere Gelingen des Projekts nebensächlich.

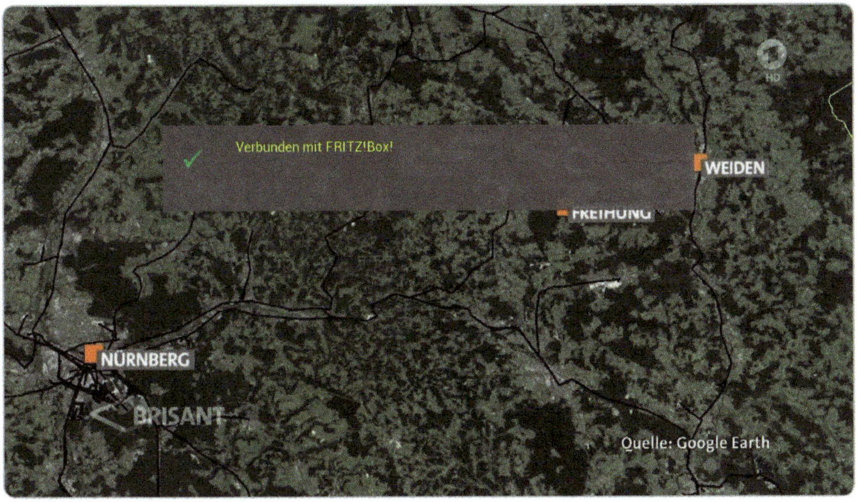

Nach dem Sichern werden die Einstellungen umgehend angewendet. Das FritzCall-Plugin informiert über ein Hinweisfenster auf dem TV-Bildschirm, ob die Verbindung erfolgreich aufgebaut wurde oder nicht.

Unbekannte Anrufe können bei aktivierter Rufnummernübermittlung per Rückwärtssuche aufgelöst und ebenfalls auf dem TV-Bildschirm angezeigt werden, sofern Sie die entsprechenden Einstellungen treffen. Die automatische Rückwärtssuche ist derzeit für die Länder Deutschland, Schweiz, Österreich, Italien, die Niederlande, Schweden und Frankreich möglich. Im Feld `Benutzername für FRITZ!Box` tragen Sie den bereits eingerichteten Benutzernamen, mit dem sich das Plugin auf der FRITZ!Box anmeldet, ein. Das dazugehörige Kennwort wird im Feld `Passwort der FRITZ!Box` eingetragen. Es wird für das eventuelle Auslesen des FRITZ!Box-Telefonbuchs sowie für die Anzeige der aktuellen Anrufe verwendet.

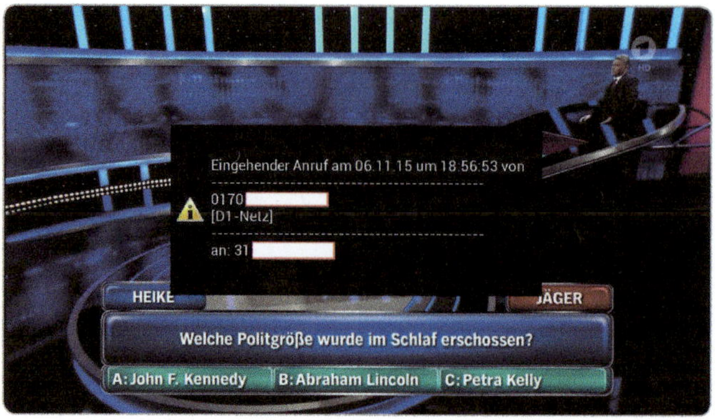

Ordnungsgemäß eingerichtet: Ist das FritzCall-Plugin mit der FRITZ!Box gekoppelt, werden ein- und ausgehende Anrufe auf dem TV-Bildschirm angezeigt.

Die restlichen Optionen des FritzCall-Plugins sind mehr oder weniger optional und laden zum Experimentieren ein. Anrufer lassen sich automatisch dem internen Telefonbuch der TV-Box hinzufügen, das Telefonbuch lässt sich automatisch synchronisieren und vieles mehr.

2.1.3 Let me entertain you: Telekom-IPTV im Heimnetz

Schnellere Umschaltzeiten mit dem Smartphone: Wer die schwerfällige Fernbedienung des Media Receivers kennt, der wird sich über die kostenlose App `Entertain Remote Control` freuen. Sie ermöglicht es, die IPTV-Box schnell und bequem mit dem Smartphone im Heimnetzwerk zu steuern. Dafür müssen Sie noch nicht einmal direkt vor der Box sitzen. Seien Sie also vorsichtig, wenn Sie diese App auf dem Tablet Ihrer Kinder installiert haben und das TV-Programm wie von Geisterhand den Sender wechselt. Da es keine PIN-Sicherung oder ähnliche Schutzmechanismen innerhalb der App gibt, ist der Zugriff mit jedem Gerät möglich, das mit der App ausgestattet und mit dem IPTV-Receiver gekoppelt ist. Für die schnelle Übersicht über das aktuelle TV Programm taugt die `Entertain Remote Control`-App nicht, aus diesem Grund hat die Telekom eigens eine App für die Programmübersicht im Sortiment: Mit der `Programm Manager`-App werden lediglich die EPG-Daten etwas aufgehübscht und auf dem Smartphone dargestellt.

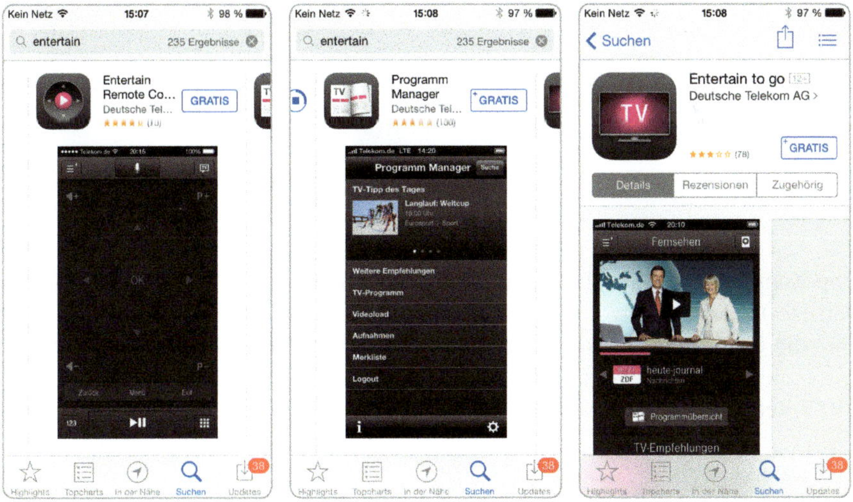

Ein Gerät, drei Apps: Neben der Fernbedienungsapp **`Entertain Remote Control`** ist die App **`Programm Manager`** sowie die Streaming-Lösung **`Entertain to go`** kostenlos verfügbar.

Für das TV-Vergnügen unterwegs finden Sie im App-Store für iOS-Geräte bzw. bei Google Play für Android-Geräte die kostenlose App `Entertain to go`. Voraussetzung für den sinnvollen Einsatz ist eine ausreichende Internet-Bandbreite bzw. -Geschwindigkeit, ein gut ausgestattetes Datenvolumen für die Übertragung sowie ein obligatorisches T-Online-Benutzerkonto samt Kennwort, um Zugriff auf die heimischen TV-Aufzeichnungen zu erhalten.

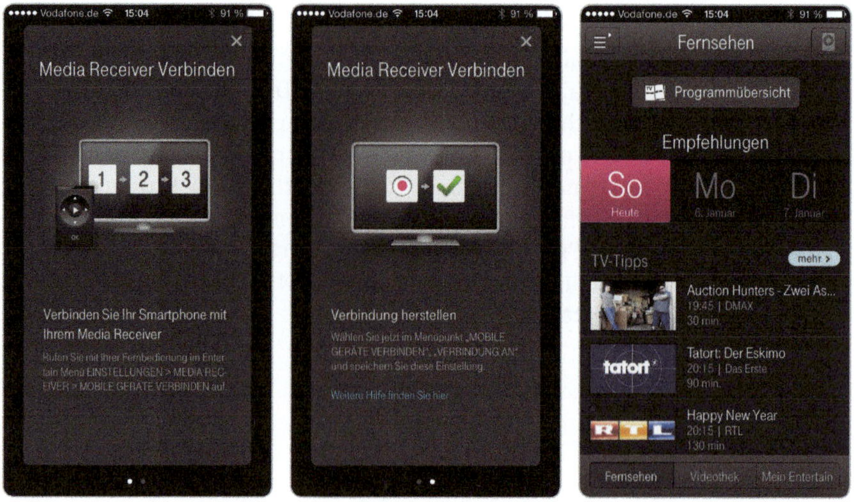

Jede einzelne Telekom-App erfordert eine Autorisierung, entweder direkt über den IPTV-Receiver oder über ein T-Online-Benutzerkonto.

Die Kopplung erfolgt direkt am TV-Bildschirm über den IPTV-Receiver. Wählen Sie in den `Einstellungen` im Bereich `Netzwerk / mobile Geräte verbinden` die Option `Verbindung an` aus und navigieren Sie per Steuerkreuz auf die `Speichern`-Schaltfläche. Damit ist das Koppeln der installierten App mit dem IPTV-Receiver im Heimnetz abgeschlossen.

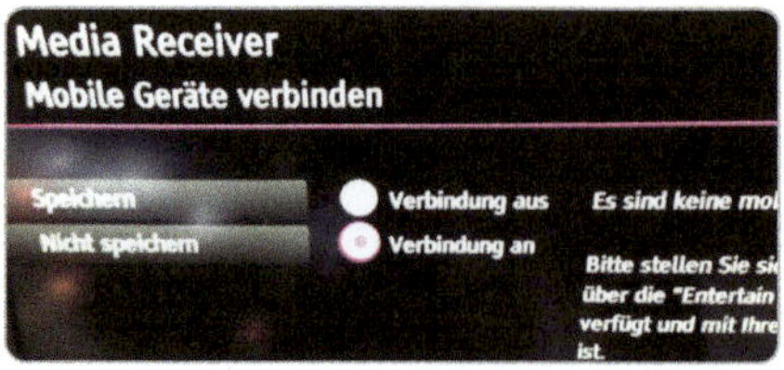

Nach der Heirat des IPTV-Receivers mit dem Smartphone starten Sie die jeweilige App im Heimnetz und probieren ihre Funktionalität aus.

Im nächsten Schritt nehmen Sie die gewünschten Telekom-Apps in Betrieb. Für die Authentifizierung benötigen Sie Ihre E-Mail-Adresse bzw. die T-Online-Zugangsnummer sowie das dazugehörige Kennwort. Im Gegensatz zur Streaming-Lösung `Entertain to go` lässt sich die Fernbedienungs-App `Entertain Remote Control` nur im Heimnetz nutzen. Sie dient ausschließlich dazu, den am TV-Gerät angeschlossenem IPTV-Receiver zu steuern. Die App bietet in der aktuellen Version sogar eine Sprachsteuerung, mit der Sie den IPTV-Receiver mit diversen Kommandos wie `Aufnahme starten`, `Leiser`, `Lauter` und so weiter bedienen können.

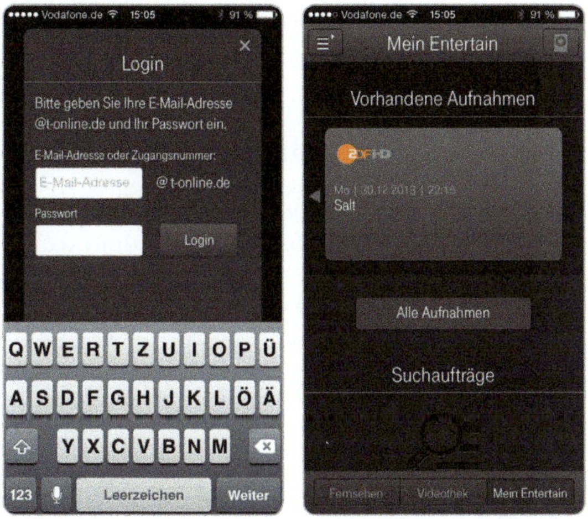

Für die Verwendung der App **`Entertain to go`** benötigen Sie das T-Online-Benutzerkonto, mit dem Sie sich zu Hause auch für Ihr E-Mail-Postfach von T-Online anmelden.

Die App `Entertain Remote Control` lässt sich wie die »normale« Fernbedienung nutzen und bietet die wichtigsten Funktionen übersichtlich an. Bei einem Smartphone-Bildschirm ist naturgemäß kein intuitives, »blindes« Navigieren möglich wie bei einer gewöhnlichen Fernbedienung, die Sie auch im Dunkeln bedienen können. Dennoch ist die Anordnung der Buttons und die Interpretation der Wisch-Befehle gelungen.

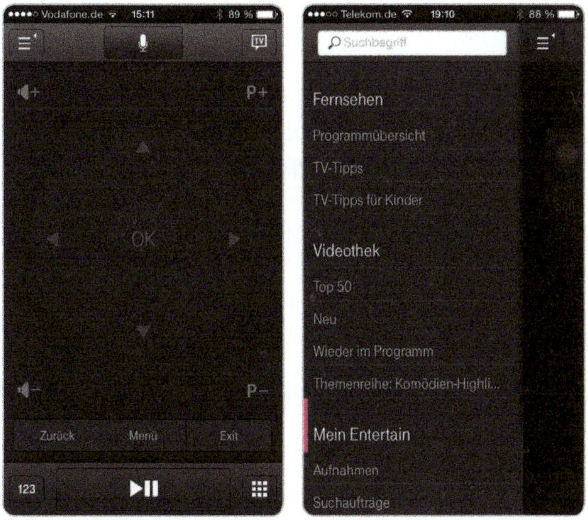

Für die Steuerung des IPTV-Receivers im Heimnetz verwenden Sie die App **`Entertain Remote Control`**.

Die Telekom-Apps können Sie – abgesehen von der App `Programm Manager` – nur im Heimnetz nutzen. Wichtiger noch ist, dass sie ausschließlich in der Telekom-Infrastruktur vernünftig funktionieren. Für Kunden, die nicht bei der Telekom sind, stehen am Markt andere Alternativen für die Steuerung des TVs per App zur Verfügung.

2.1.4 Eine für alle: Logitech Harmony im Wohnzimmer

Eine Schnulze im Zweiten, der Tatort oder doch Fußball? Wer die Fernbedienung auf dem Sofa in der Hand hält, der hat die Macht, doch mit jedem weiteren fernbedienbaren Gerät muss die Macht geteilt werden. Nicht jedes Gerät lässt sich mit einem anderen koppeln und mit der Zeit sammeln sich erfahrungsgemäß diverse Modelle an – unter und neben dem Wohnzimmertisch. Im Schnitt soll jeder Haushalt über fünf Fernbedienungen verfügen. Wer dieser Fernbedienungsflut im Wohnzimmer Herr werden möchte, für den kommt die All-in-One-Lösung von Logitech gerade recht. Der Hersteller bietet seit Jahren die Fernbedienungen der Harmony-Serie an, die nicht auf einen Gerätehersteller oder Gerätetyp fixiert sind, sondern einen Schritt weiter gehen: Mit einer Steuerzentrale im Wohnzimmer, die sämtliche Infrarot-Protokolle aller Gerätehersteller und -modelle abdecken soll, versucht Logitech, das Audio-, Video- und TV-Equipment zu steuern und dem Anwender ein einheitliches Device zur Verfügung zu stellen. Darüber hinaus sind Softkeys möglich, also Tasten mit mehrfacher Funktion, die das TV- und somit im weiteren Sinne auch das Smart-Home-Erlebnis deutlich steigern. Ist die Unterhaltungselektronik mit der Kommandozentrale des Smart Home gekoppelt, lassen sich bestimmte Dinge wie Fußball- und andere Sportübertragungen, ein romantischer Abend, Kindersendungen usw. automatisch mit den jeweils passenden Lampen und Stimmungsbeleuchtungen im Wohnzimmer versehen. Doch dies ist nur ein kleiner Ausschnitt der Möglichkeiten, die sich mit der Kopplung der Unterhaltungselektronik mit den Haushaltsgeräten, dem Telefon und dem Internet ergeben. Als Erstes muss jedoch die Logitech-Umgebung installiert, konfiguriert und mit dem vorhandenen Equipment verheiratet werden. Dabei lauern einige Hürden und Stolperfallen.

Installation und Einrichtung

Für die Ersteinrichtung der Logitech-Fernbedienung werden ausschließlich Computer mit dem Betriebssystemen Windows oder Mac OS unterstützt. Benutzer von Desktop-Linux-Derivaten am PC oder am Raspberry Pi wie Debian,

Raspbian und Co. schauen zunächst einmal in die Röhre. Laden und installieren Sie die zum Computermodell und -typ passende Software von der Logitech-Webseite (`www.logitech.com`), die im Bereich `Kundendienst` und `Downloads/ Software und Apps/Harmony Software` zu finden ist. Für Windows 7 müssen Sie die im Folgenden beschriebene Installationsprozedur durchlaufen. Im Wesentlichen wird ein Plugin (Silverlight) installiert, das für die Browsersteuerung benötigt wird. In aktuellere Windows-Versionen ist dieses Plugin bereits integriert, Sie müssen allerdings noch ein Benutzerkonto und ein Passwort festlegen. Für Windows 10 steht eine kleine App für den Computer zur Verfügung. Hier reicht im Gegensatz zu den Vorgängerversionen der Download und Start der `MyHarmony-App.exe` aus.

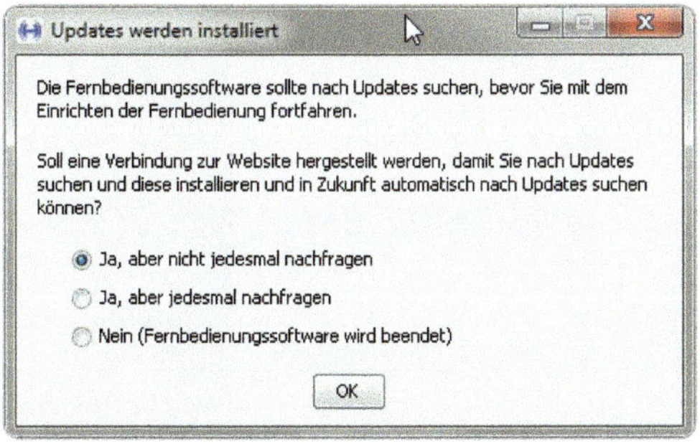

Automatische Zwangs-Updates: Fast schon Standard sind die Benachrichtigungen bei verfügbaren Aktualisierungen der installierten Software.

Für den Zugriff vom Computer aus werden zunächst die notwendigen Treiber installiert. Dann binden Sie die Harmony-Erweiterung und das Silverlight-Plugin von Microsoft in Ihren Webbrowser ein, damit das Harmony-Einrichtungsprogramm gestartet werden kann.

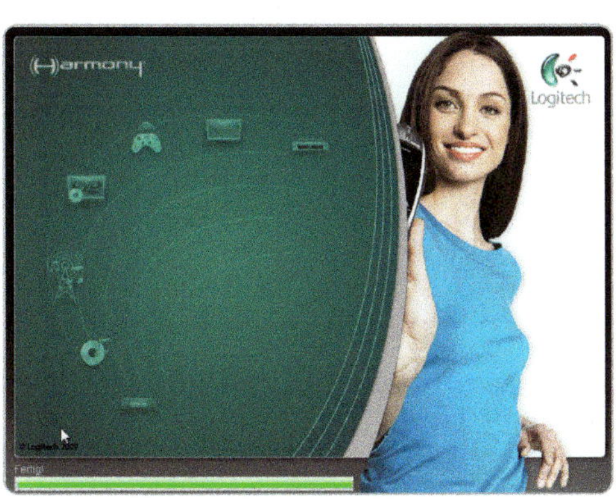

Die eigentliche »Software« stellt den Zugang über den Webbrowser zur Verfügung und installiert notwendige Browser- bzw. Betriebssystem-Plugins, damit der Webzugriff funktioniert.

Nach der Installation lässt sich die installierte Harmony-Erweiterung für die Einrichtung der Logitech-Modelle Harmony Ultimate, Harmony Touch, Harmony Smart Control und Harmony 600/650/700 verwenden. In diesem Beispiel kam das Oberklasse-Modell Harmony Ultimate zum Einsatz.

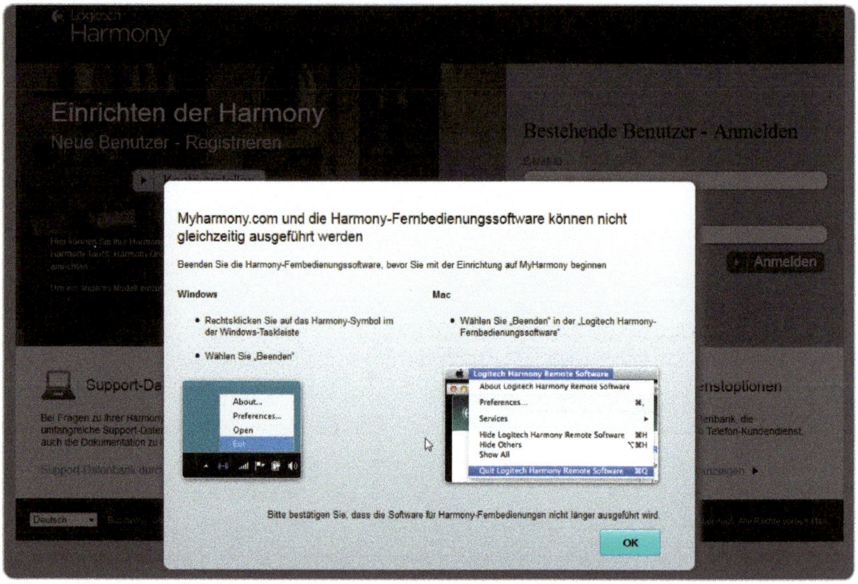

Alt oder neu: Wer bereits eine ältere Logitech-Fernbedienung besitzt, deren Einrichtungssoftware sich noch auf dem Computer befindet, muss sich entscheiden.

Damit die Fernbedienung überhaupt in Betrieb genommen und eingerichtet werden kann, ist die Eingabe einer Login-ID samt Kennwort notwendig. Diese dient zukünftig als Authentifizierung, falls Sie später z. B. die Kanalkonfiguration der Fernbedienung ändern möchten. Deshalb empfiehlt es sich, sich die entsprechende Benutzername-Kennwort-Kombination zu merken.

Legen Sie also ein Benutzerkonto an. Wählen Sie zusätzlich eine Sicherheitsfrage aus, die erscheint, falls Sie das Kennwort zum Benutzerkonto einmal vergessen sollten.

Nachdem Sie den Account angelegt haben und Ihr Benutzerkonto bei Logitech registriert wurde, steht unter Windows die Installation der Harmony-Erweiterung und des Silverlight-Plugins auf dem Programm. Klicken Sie zunächst auf die Schaltfläche `Microsoft-Silverlight herunterladen` und installieren Sie die Erweiterung. Ab Windows 8.1 ist Silverlight Bestandteil des Betriebssystems.

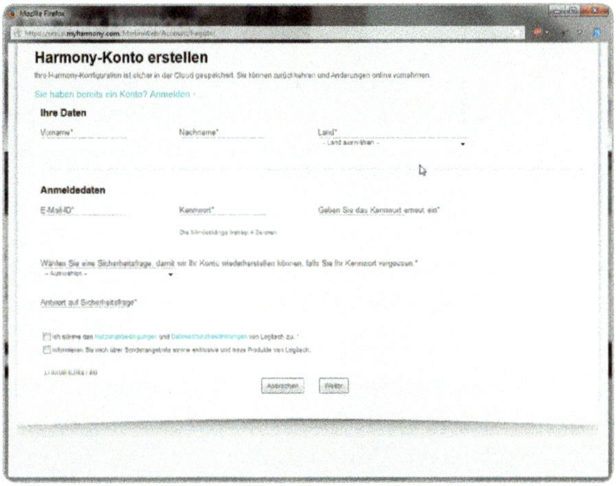

Ohne geht es nicht: Erst nach der Zwangsregistrierung und der Erstellung eines Harmony-Kontos bei Logitech lässt sich die Fernbedienung in Betrieb nehmen.

Installieren Sie nun per Klick auf `Harmony-Browser Plugin herunterladen` die passende Harmony-Erweiterung, sofern die Silverlight-Installation problemlos durchgeführt werden konnte. Ist Silverlight bereits installiert, dann beschwert sich – wie in diesem Beispiel – der Harmony-Installationsassistent so lange, bis die aktuellere Version deinstalliert wurde.

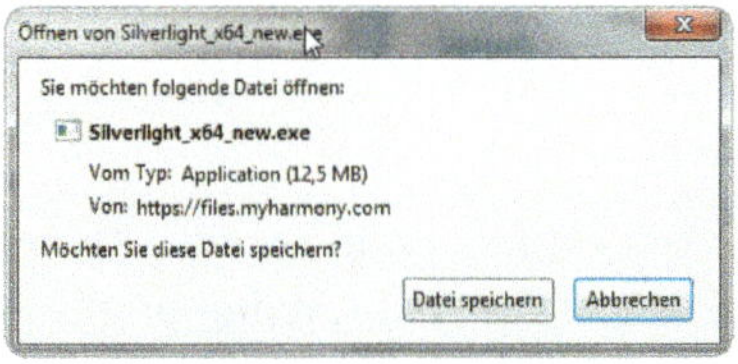

Das Installationsprogramm der Harmony-Fernbedienung möchte eine bestimmte Silverlight-Version installieren und bricht wie in diesem Beispiel die Installation ab, falls bereits eine aktuellere Version auf dem Computer vorhanden ist.

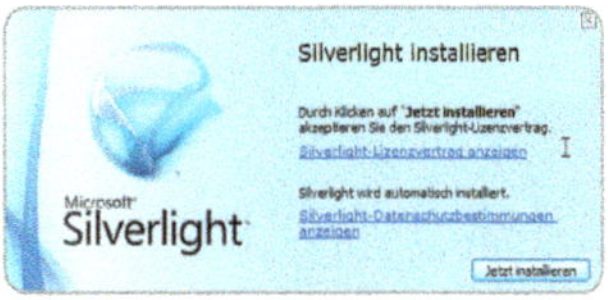

Nach dem Malheur mit Silverlight wird zunächst versucht, das Harmony-Browser-Plugin zu installieren, in der Hoffnung, dass das Harmony-Einrichtungsprogramm die aktuellere Silverlight-Version später akzeptiert.

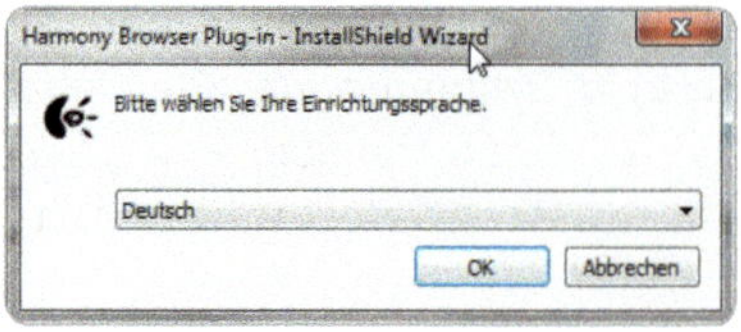

Nach einem Klick auf das `Harmony-Browser-Plugin`-Symbol wählen Sie die Sprache für die Einrichtung des Plugins aus.

Im nächsten Schritt erscheint ein gewöhnlicher Installationsassistent, den Sie mit diversen Klicks auf die `Weiter`-Schaltfläche so lange zufrieden stellen, bis die Installation abgeschlossen ist.

Die Installation des Harmony-Browser-Plugins war in diesem Fall zwar erfolgreich, die eigentliche Software für die Harmony-Fernbedienung macht jedoch weiter Zicken und verweist darauf, dass Silverlight nicht auf dem Computer installiert ist.

Wer meint, dass die Deinstallation von Silverlight unter Windows kein Problem darstelle, wird eines Besseren belehrt. Microsoft empfiehlt zunächst das Löschen eines bestimmten Schlüssels in der Windows-Registry.

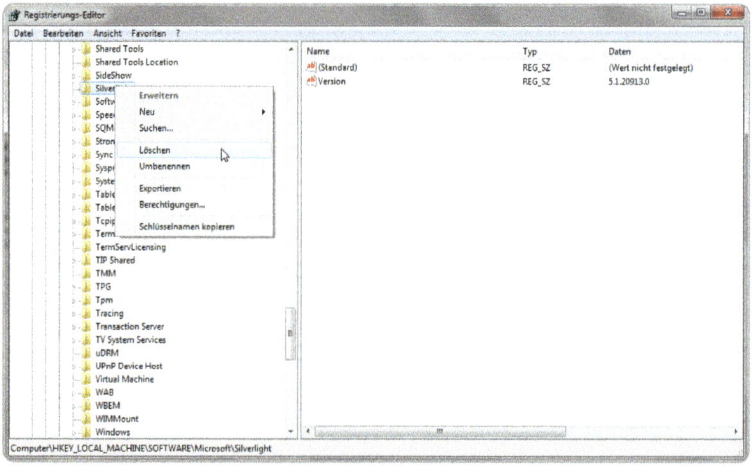

Das Entfernen des Schlüssels `HKLM\Software\Microsoft\Silverlight` wird zunächst als Lösungsweg für die spätere erfolgreiche Silverlight-Neuinstallation empfohlen.

Bequemeren Naturen stellt Microsoft für die Deinstallation mit anschließender Aktualisierung ein passendes Fixit-Patch zur Verfügung, das Sie über `http://support.microsoft.com/kb/2608523/de` beziehen können. Per Klick auf die Schaltfläche `Fix it` werden die notwendigen Schritte automatisch durchgeführt.

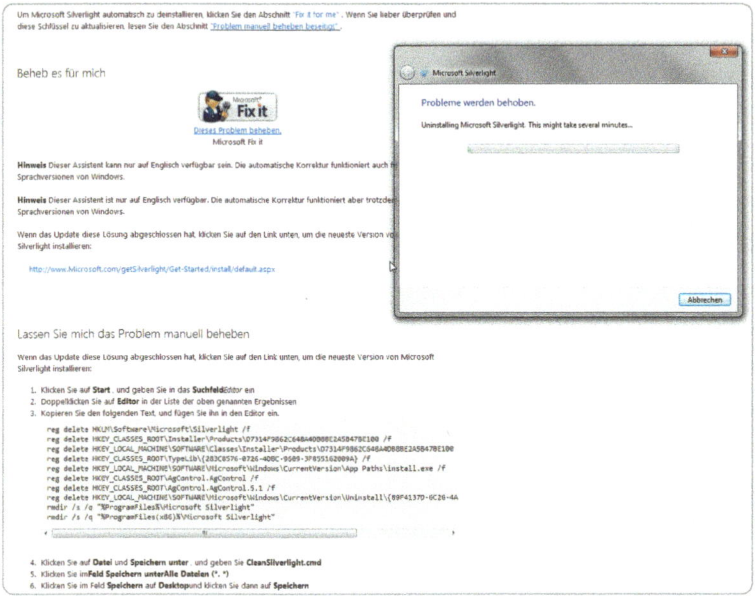

Die automatische Reparatur sorgt für eine saubere Deinstallation der vorhandenen Silverlight-Installation.

Wurde Silverlight erfolgreich deinstalliert, lässt sich im nächsten Schritt die Installation der Harmony-Fernbedienungssoftware fortführen und die Silverlight-Installation nun ohne lästige Fehlermeldung starten.

Erst nach Deinstallation der vorhandenen Silverlight-Version lässt sich Silverlight vom Harmony-Einrichtungsprogramm installieren und in Betrieb nehmen.

Im nächsten Schritt nehmen Sie Verbindung mit dem Harmony Hub auf, stellen die vorhandenen fernbedienbaren Geräte ein und koppeln die Fernbedienung mit einem Smartphone, um die Fernbedienungsfunktionalität bequem auf dem Touchdisplay zu haben.

Harmony Hub in Betrieb nehmen

Die Smartphone-Apps für iOS und Android stellen natürlich eine Ergänzung dar, die Fernbedienungen lassen sich aber auch ganz ohne App nutzen. Damit können Sie nicht nur Infrarot-Geräte sondern auch Bluetooth-Gerätschaften wie beispielsweise die Playstation 3 oder Playstation 4 steuern. Der Harmony Hub setzt die Befehle der Smartphone-App um und reicht die Aktion-Codes über die Infrarot- und Bluetooth-Schnittstelle weiter. Nach der Installation melden Sie sich mit Benutzernamen und Kennwort erstmalig am Harmony Hub bzw. an der Fernbedienung an und richten diese nach Ihren persönlichen Wünschen ein.

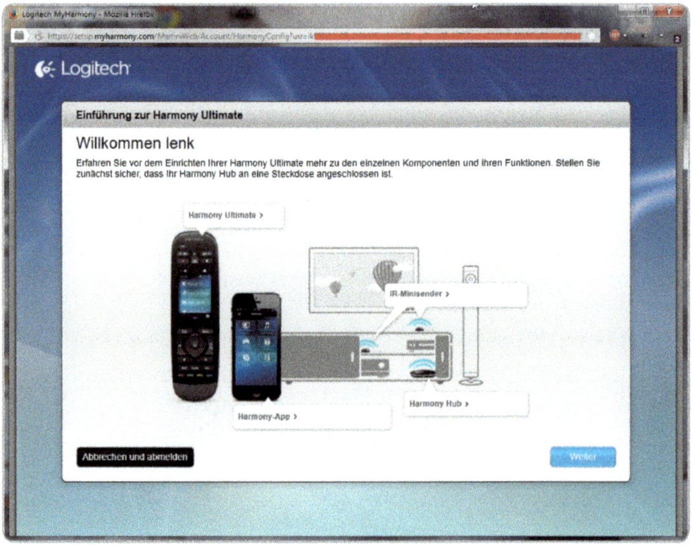

Der Start des Einrichtungsassistenten: Zunächst klärt der Assistent darüber auf, wo sich der Hub später befinden könnte - bei der Einrichtung sollte er zwingend in der Nähe des Computers sein, um unnötige Wege zu vermeiden.

Ist der Harmony Hub mit der Stromversorgung verbunden, wird er im nächsten Schritt mit dem vorhandenen WLAN-Heimnetz gekoppelt. Dies ist für die spätere Kommunikation zwischen Smartphone und Harmony Hub zwingend notwendig und hat den Vorteil, dass Sie den Fernseher beispielsweise auch dann bedienen können, wenn Sie sich nicht gerade in dem Raum befinden, in dem das TV-Gerät steht.

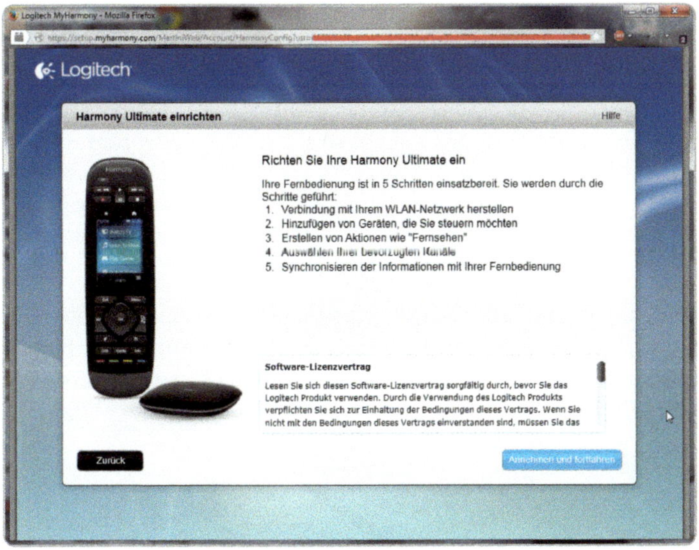

Nach dem Einstecken des Stromkabels benötigt der Harmony Hub bis zu 30 Sekunden, bis er vollständig betriebsbereit ist. Erst dann wird er von der Einrichtungssoftware erkannt.

Im zweiten Schritt schließen Sie die Fernbedienung über das mitgelieferte USB-Kabel an den Computer an und warten, ob sich beide Geräte gegenseitig finden und erkennen. Gerade bei den Infrarotsignalen sind Sie auf eine gute Sichtverbindung angewiesen, aber zu nah nebeneinander sollten beide Geräte auf dem Schreibtisch auch nicht stehen.

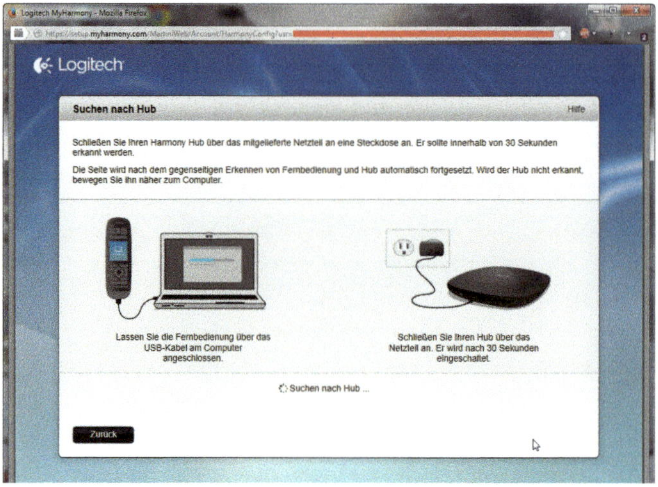

Der erste Schritt ist das Koppeln der Fernbedienung mit dem Harmony Hub.

Gibt es Verbindungsprobleme und läuft die Installationsroutine in einem sogenannten Timeout, meldet sich der Assistent. Dann trennen Sie am besten die Stromversorgung des Harmony Hubs und versuchen es erneut, damit die Fernbedienung Kontakt zum Harmony Hub bekommt.

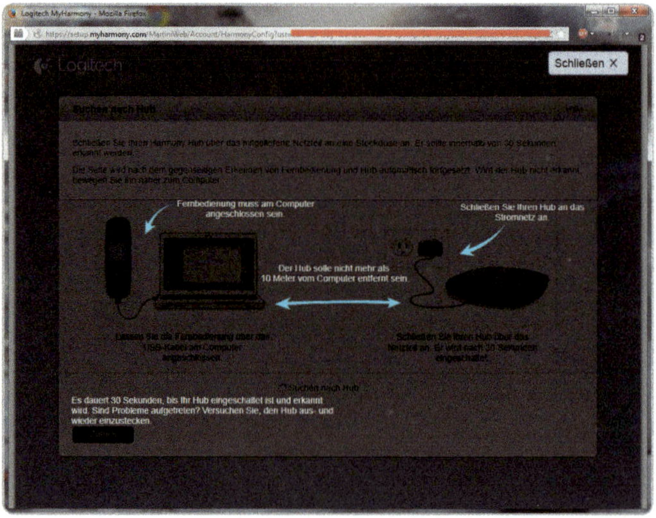

Gute gemeinte Ratschläge für die Installation: Ein erneutes Aus- und Einstecken der Stromversorgung hilft bei der Neuinitialisierung der Verbindung zwischen Fernbedienung zu Hub.

Ist die Verbindung aufgebaut, erwartet der Installationsassistent die Eingabe eines aussagekräftigen Namens für den Harmony Hub. In diesem Beispiel befindet sich dieser im Wohnzimmer. Um bei mehreren Hubs in verschiedenen Räumen die Übersicht zu behalten, wurde hier das Kürzel wz_ vorangestellt. Anschließend klicken Sie auf die `Weiter`-Schaltfläche.

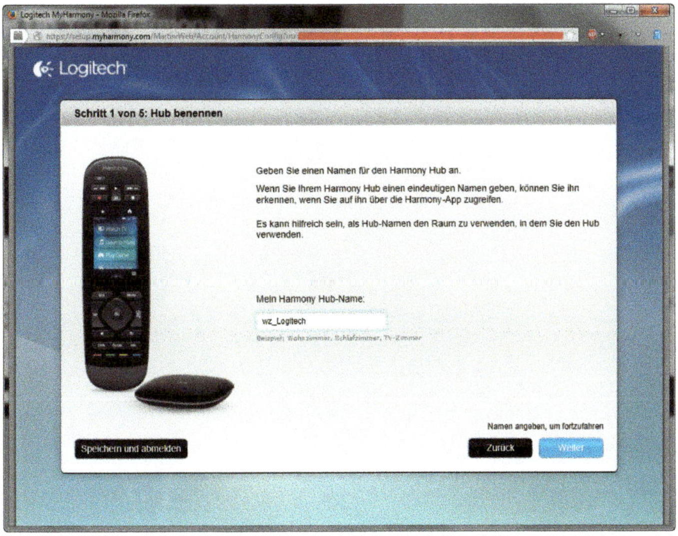

In diesem Konfigurationsschritt legen Sie für den Logitech-Harmony-Hub einen aussagekräftigen Namen fest.

Im nächsten Schritt lassen Sie den Harmony Hub die nähere Umgebung nach bekannten WLAN-Netzwerken absuchen. Dieser Scan-Vorgang kann je nach Verbindungsqualität und Standort des WLAN-Routers einige Minuten dauern. Wählen Sie anschließend das gefundene WLAN-Netz aus, markieren Sie es und tragen Sie im darauf folgenden Fenster das Kennwort ein. Dies ist für den Verbindungsaufbau notwendig.

Nach dem erfolgreichen Verbindungsaufbau wird der WLAN-Router im Konfigurationsmenü mit `Verbindung hergestellt` markiert. Anschließend gelangen Sie per Klick auf die `Weiter`-Schaltfläche zum nächsten Einrichtungsschritt.

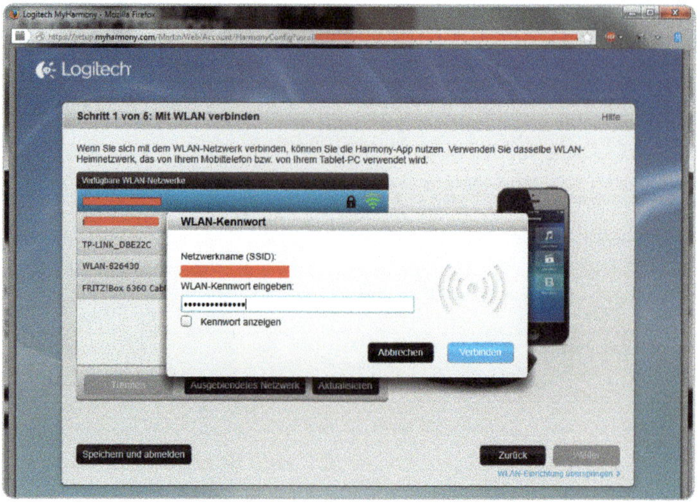

Haben Sie das WLAN-Netzwerk ausgewählt, benötigen Sie das passende Kennwort, das Sie im Konfigurationsmenü des WLAN-Routers festgelegt haben.

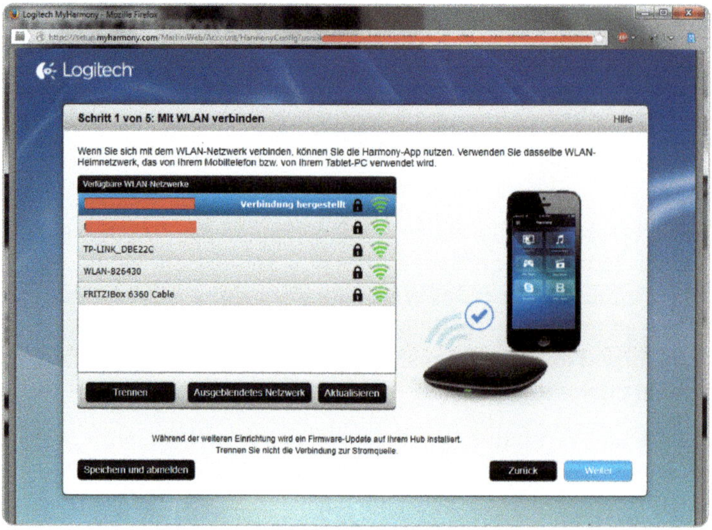

Erfolgreich hergestellt: Nach der Eingabe des Verbindungsschlüssels baut der Harmony Hub automatisch die Verbindung zum vorhandenen WLAN-Netzwerk auf.

Im nächsten Schritt richten Sie die vorhandenen Geräte wie TV-Bildschirm, IPTV-/ Kabel-/SAT-/Antennen-Receiver oder Abspielgeräte wie CD- oder DVD-Player, Spielekonsolen, Verstärker und dergleichen ein. Dafür notieren Sie sich am besten schon im Vorfeld die genaue Hersteller- und Modell- bzw. Typenbezeichnung des Geräts, das später über die Harmony-Fernbedienung bzw. den Harmony Hub gesteuert werden soll. Gehen Sie am besten Schritt für Schritt vor und gruppieren Sie schon einmal gedanklich die Geräte, die Sie später in Aktionsgruppen gemeinsam bedienen möchten. So kann beispielsweise die Aktion `DVD/Blu-ray` dafür sorgen, dass mit einem Knopfdruck auf die Fernbedienung das gewünschte Abspielgerät mit den entsprechenden Ausgängen aktiviert, der angeschlossene Verstärker die dazugehörigen Eingänge und Ausgänge samt 5.1-Lautsprecher einschaltet und der TV-Flachbildschirm mit dem dazugehörigen Eingang eingeschaltet wird. Dieses Beispiel zeigt, dass es möglich ist, nahezu jede Aktion auszulösen und Aktionen nach Wunsch miteinander zu verknüpfen.

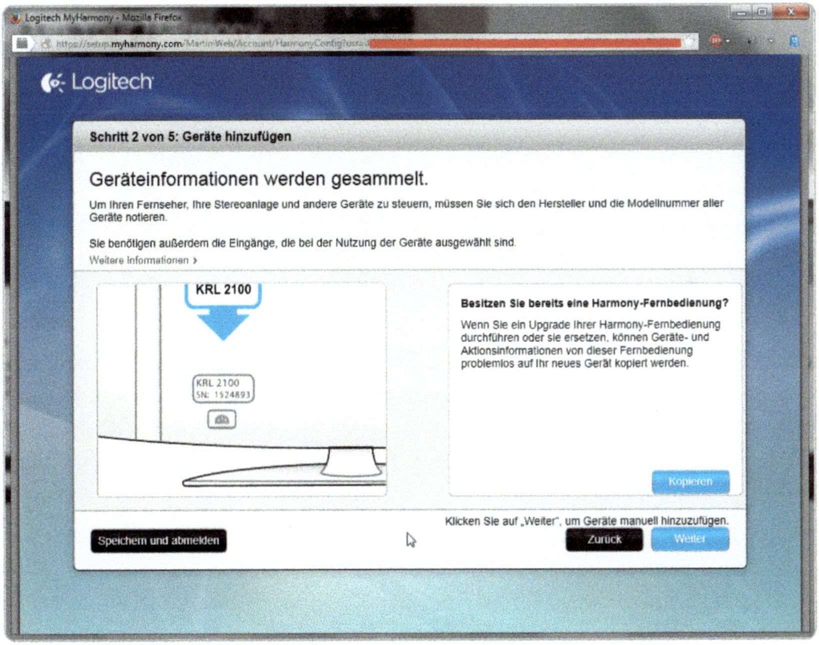

Datensammeln: Bevor Sie fortfahren, sollten Sie sämtliche Geräte samt Hersteller-, Typ- und Modellbezeichnung notieren, damit Sie sich später die Wege beim Einrichten und beim Feintuning ersparen.

Selbstredend sollten nur diejenigen Geräte per Knopfdruck eingeschaltet werden, die auch benötigt werden. Diese werden in sogenannten Aktionen zusammengefasst.

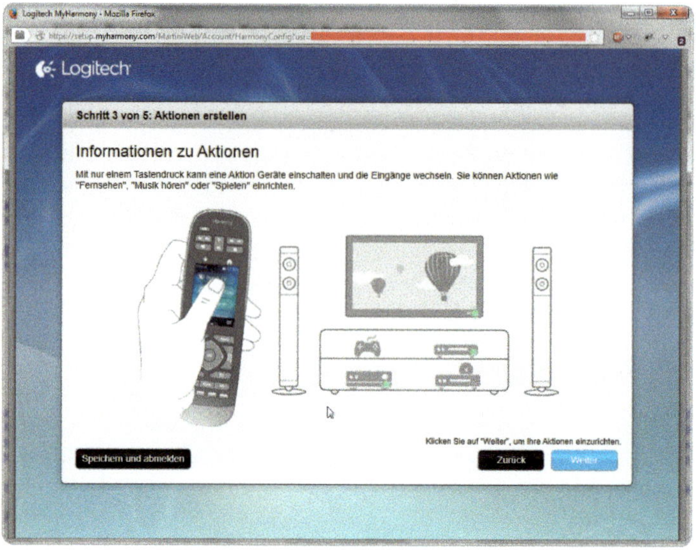

Nachdem der Assistent Sie über die Aktionen informiert hat, klicken Sie auf die `Weiter`-Schaltfläche, um die Aktionen einzurichten.

Im nachfolgendem Schritt wählen Sie zunächst das Land aus, geben die Postleitzahl Ihres Wohnortes ein und klicken auf die Suche-Schaltfläche, um anschließend den in der Region verfügbaren TV-Anbieter auszuwählen. Je nach Anschlusstechnik, wie Kabel, DVB-T, SAT, IPTV und dergleichen, ist die Auswahl der TV-Anbieter unterschiedlich. Wählen Sie also den zum TV-Receiver passenden Anbieter aus.

Nach der Auswahl des TV-Kanalanbieters werden zunächst die Kanäle, Bezeichnungen, Frequenzen und dergleichen geladen und es wird versucht, diese auf den Hub zu übertragen. Gerade bei der Ersteinrichtung kann es vorkommen, dass für die Gerätschaften ein Update in Form einer aktualisierten Firmware zur Verfügung steht. Es wird in diesem Schritt automatisch geladen und installiert.

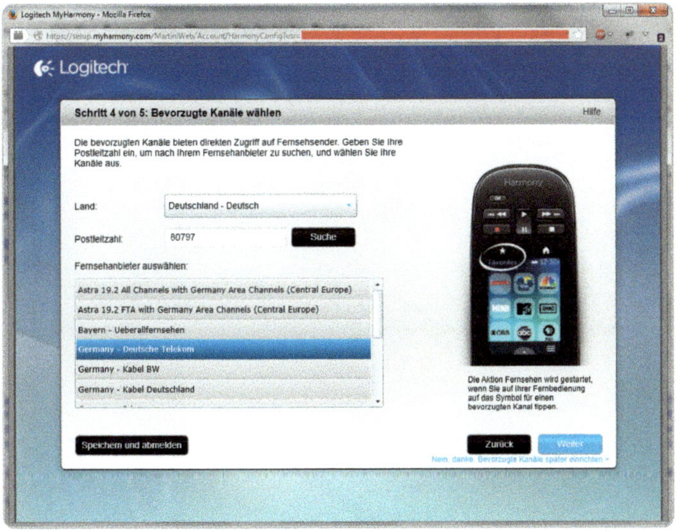

Für den entsprechenden Postleitzahlenbereich stehen diverse TV-Kanalanbieter zur Verfügung. Suchen Sie den in Frage kommenden Anbieter aus, den Sie über den TV-Receiver empfangen und mit der Fernbedienung steuern möchten.

Nach der erneuten Aktualisierung des Hubs mit einer aktuelleren Firmware wird der Hub wieder mit den Informationen der Fernbedienung bestückt, es werden beide Geräte synchronisiert und anschließend für den Betriebszustand zur Verfügung gestellt.

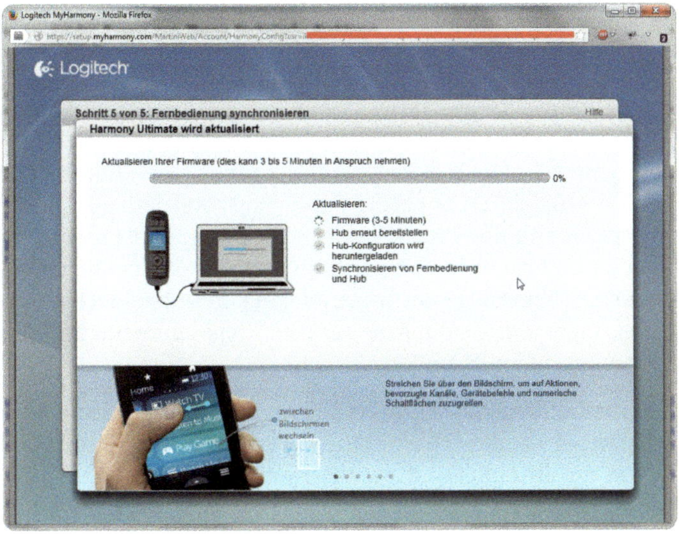

Die Installation der neuen Firmware auf dem Harmony Hub der Logitech-Fernbedienung nimmt rund zehn Minuten in Anspruch.

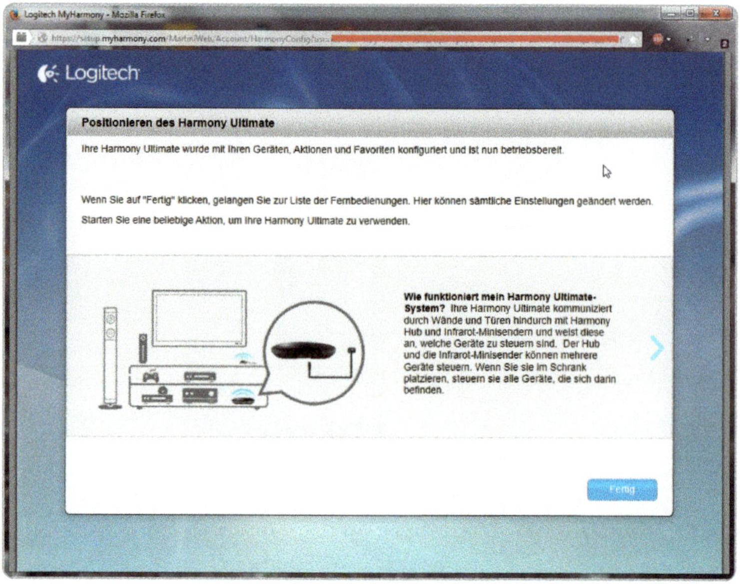

Das langwierige Einrichten hat endlich ein Ende: Per Klick auf die `Fertig`-Schaltfläche schließen Sie die Konfiguration des Harmony Hubs bzw. der Fernbedienung ab.

Anschließend ist es Zeit, beide Geräte vom Computer zu trennen, sie am Aufstellort zu platzieren und anzuschließen. Beachten Sie, dass der Hub einerseits so platziert werden soll, dass eine WLAN-Verbindung dorthin gewährleistet ist und dass auch die Unterhaltungselektronik per Infrarotsignal problemlos erreicht werden kann. Nach dem Aufstellen der Geräte nehmen Sie die Fernbedienung in Betrieb und testen die Standardfunktionen wie Umschalten oder Lautstärke, um auszuprobieren, ob die Steuerungsalternative wirklich wunschgemäß funktioniert. In der Praxis kann es vorkommen, dass Sie den Hub und die Fernbedienung zur Feinkonfiguration, zur Kanalbelegung sowie zur Festlegung der Sortierreihenfolge nochmals an den Computer anschließen müssen. Am Ende des Tages sollten die Arbeiten aber abgeschlossen und die neue Fernbedienung wunschgemäß im Einsatz sein.

Funktioniert die Fernbedienung mit den gekoppelten Geräten wunschgemäß, können Sie im nächsten Schritt das Smartphone mit dem konfigurierten Harmony Hub verheiraten, um anschließend auch das Smartphone zur Steuerung von TV, DVD und Co. einzusetzen.

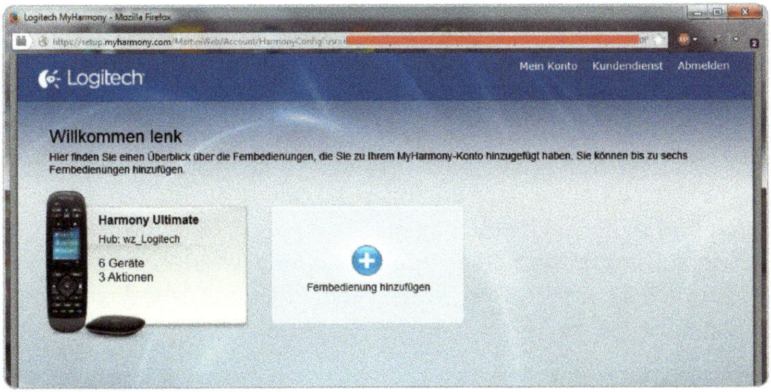

Die fertig konfigurierte Fernbedienung samt Hub in der Geräteübersicht im Harmony-Konfigurationsfenster.

iOS und Android – das Smartphone als Fernbedienung nutzen

Mit der Harmony-Smartphone-App verwandeln Sie Ihr Smartphone in eine potente Fernbedienung, die denselben Leistungsumfang wie eine gewöhnliche Fernbedienung mitbringt. Dafür muss das Smartphone entweder mit iOS aus dem Hause Apple (ab Version 6) oder mit einem Android-Betriebssystem von Google ausgestattet sein. Beide Apps sind in den jeweiligen App-Stores kostenlos verfügbar.

NAME	OS	BEZUGSQUELLE
Harmony	Android	https://play.google.com/store/apps/details?id=com.logitech.harmonyhub
Harmony Control	iOS Apple	https://itunes.apple.com/us/app/harmony-control/id626853860

Bereits bei der Installation der gewünschten App werden Sie eine Menge unzufriedener Kundenbewertungen in den App-Stores bemerken. Die negativen Bewertungen sind zum Teil nachvollziehbar, da die Zusammenarbeit zwischen Fernbedienung, Hub und Smartphone alles andere als einsteigerfreundlich und zuverlässig funktioniert.

Harmony per Touch

Die passende App für die Harmony-Fernbedienung finden Sie, indem Sie im Suchdialog des App-Stores den Suchbegriff »Harmony« eingeben. Achten Sie auf das Kleingedruckte und den Beschreibungstext, denn nicht jede Logitech-App kann mit jeder Fernbedienung zusammenarbeiten. Die leichte Verwirrung wird perfekt, da unter dem Stichwort Harmony auch ältere Modelle geführt werden und dafür auch eine angepasste App existiert. Doch abgesehen von den Verbindungskosten fallen zumindest keine weiteren Kosten an, falls Sie versehentlich die falsche App für die Fernbedienung bzw. den Harmony Hub laden und installieren.

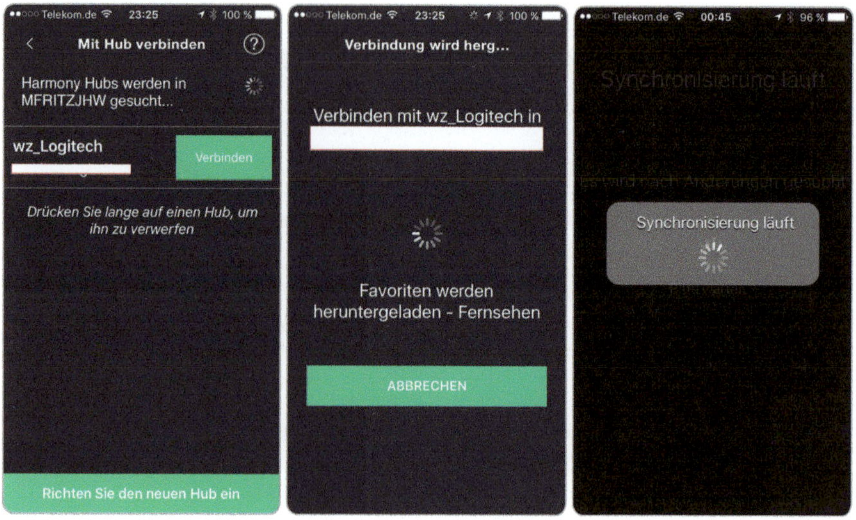

Die Harmony-App ist kostenlos erhältlich und in wenigen Minuten mit dem im Heimnetz verfügbaren Logitech-Hub gekoppelt, vorausgesetzt, das Smartphone und der Hub sind in einem gemeinsamen WLAN-Netz verbunden.

Nach dem Laden und der Installation setzt die App eine bereits konfigurierte Fernbedienung und einen gekoppelten Hub voraus, der über das heimische WLAN erreichbar ist. Zwar kann die Grundinstallation auch über das Smartphone bzw. ein Tablet erledigt werden, doch dieser Weg ist alles andere als stabil und zuverlässig, da unregelmäßige Verbindungsabbrüche die Geduld strapazieren. Nach dem Start der App klicken Sie auf die `Fortsetzen`-Schaltfläche und geben der App einige Minuten Zeit, den eingeschalteten und betriebsbereiten Logitech-Hub im Heimnetz zu finden. Selbstverständlich muss sich das Smartphone im gleichen WLAN-Netz wie der Logitech-Hub befinden, damit die Verbindung erfolgreich aufgebaut werden kann. In der Praxis trüben die Verbindungsabbrüche zum eingesetzten WLAN-Router (FRITZ!Box 7490) trotz einer ausgezeichneten WLAN-Verbindungsqualität die Freude am Logitech-Produkt. Zwar funktioniert die App als solche, doch in drei von fünf Fällen wird der notwendige Hub von der App im heimischen WLAN-Netz nicht gefunden.

Je nachdem, welchen Bluetooth-Standard das Smartphone unterstützt, kann obige Fehlermeldung erscheinen. Trotzdem wird die Konfiguration des Hubs anschließend in die Smartphone-App übertragen.

Wurde der installierte und konfigurierte Harmony Hub von Seiten der Smartphone-App gefunden, erkannt und initialisiert, wird zunächst die Geräte- und Kanalkonfiguration in die App übertragen und auf dem Display dargestellt. Ähnlich wie auf dem Smartdisplay der Logitech-Fernbedienung werden beispielsweise die Kanäle elegant mit ihren Senderlogos angezeigt. Die einzelnen Geräte lassen sich per Geräteauswahl einzeln auswählen und bedienen.

Nach der Übertragung der Informationen werden sämtliche Aktionen und Kanäle genau so auf dem Smartphone dargestellt, wie sie auch auf der »normalen« Logitech-Fernbedienung zu sehen sind.

Hat die Harmony-Smartphone-App die Konfiguration des Hubs geladen, kann sie über das Smartphone bearbeitet und gesichert werden. Es ist also Vorsicht geboten, da prinzipiell jedes Familienmitglied mit Zugriff auf das heimische WLAN mithilfe der Harmony-App auch auf die Einstellungen zugreifen kann.

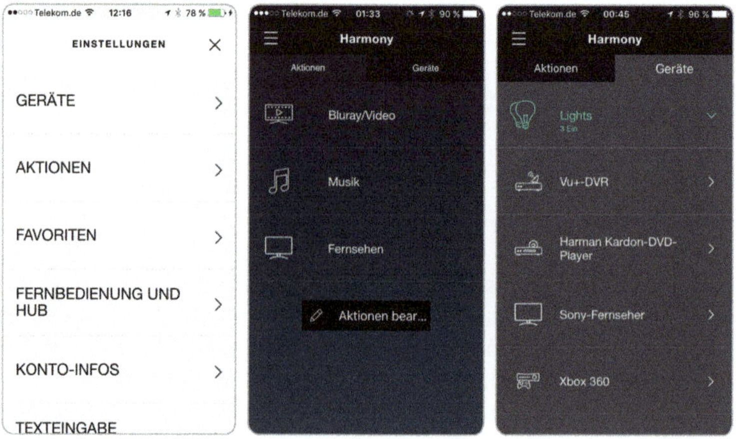

Über den `Einstellungen`-Dialog erreichen Sie sämtliche Konfigurationsmöglichkeiten des Logitech-Hubs. Bis zu 15 Geräte lassen sich maximal mit der Fernbedienung in verschiedene Schaltgruppen in Aktionen zusammenfassen und schalten.

Ein passwortgeschützter Zugriff auf die Konfiguration existiert nicht. Ist die App einmal eingerichtet, kann das Smartphone als persönliche Universalfernbedienung samt Aktionssteuerung mit allen Vor- und Nachteilen genutzt werden.

Ab Version 3.0 unterstützt die Smartphone-Anwendung auch die Haussteuerung der Hue-Lampen von Philips. Wer bereits die eine oder andere Hue-Lampe im Einsatz hat, kann neben der Philips-App auch die Harmony-App zur Fernbedienung für die Lampensteuerung verwenden. Das allein mag noch nicht sonderlich beeindruckend sein – wer jedoch auf Knopfdruck neben den entsprechenden Gerätschaften auch gleich die passende Hintergrundbeleuchtung einschalten möchte, wird mit dieser Kopplung zufrieden sein.

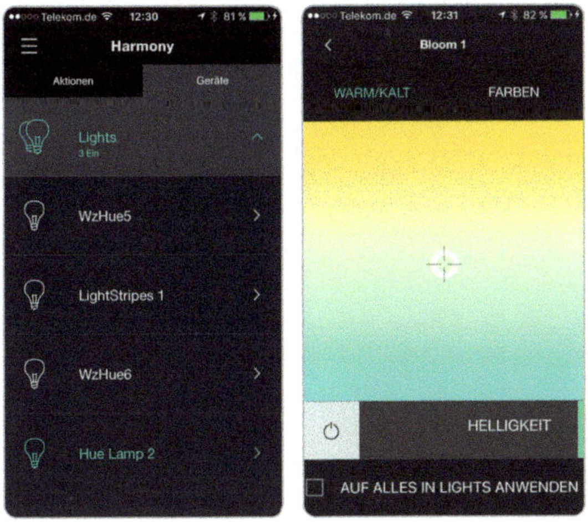

Für technikaffine Haushalte ein willkommenes Goodie: Neben der klassischen Unterhaltungs- und TV-Elektronik unterstützt die Logitech Harmony Ultimate auch den Zugriff auf den Phillips-Hue-Hub, der sich allerdings im gemeinsamen IP-Kreis des Heimnetzes befinden muss.

Erfolg und Misserfolg bei der Steuerung über die Smartphone-App hängen vor allem davon ab, wie es um die WLAN-Verbindungsqualität von und zum Harmony Hub bestellt ist. Dank der Vielfalt der Konfigurations- und Designmöglichkeiten lassen sich die Oberfläche und die Position der Touch-Buttons in der Smartphone-App beliebig festlegen. Abgesehen von der Fernbedienung und der Smartphone-App für iOS und Android sind die Zugriffsmöglichkeiten für eigene Steuerungen jenseits der Hue-Lampen eher limitiert, es sei denn, Sie nutzen eine selbstgebaute Alternative. Hier kommen Sie am schnellsten mit Python ans Ziel.

2.2 HAUSGERÄTE IM SMART HOME MIT MIELE@MOBILE

Mit dem Smartphone in der Hand lebt es sich in vielen Bereichen vielleicht nicht besser, aber je nach Anwendungsszenario deutlich komfortabler. So können Sie sich beispielsweise vergewissern, ob Sie nach dem Verlassen der Wohnung wirklich den Herd oder die Waschmaschine ausgeschaltet haben. Wer diesbezüglich unsicher ist und sich gerade auf dem Weg in das verlängerte Wochenende befindet, wird die Möglichkeiten lieben, die sich mit der Integration der Hausgeräte in die Smart-Home-Welt ergeben. Je nach Hersteller lässt sich von der Dunstabzugshaube über den Herd bis hin zur Spül- und Waschmaschine jedes Gerät mit einer App überwachen und steuern. Im Falle der Miele-Hausgeräte geschieht dies über die Technik Miele@home, die für jedes Haushaltsgerät ein passendes Kommunikationsmodul notwendig macht. Seit dem zweiten Quartal 2015 sind bei den Top-Modellen von Miele zusätzliche Funktionen und Steuermöglichkeiten verfügbar: So ist bei Waschmaschinen beispielsweise die Programmwahl bzw. Startvorwahl über die App sichtbar, und es lassen sich die Drehzahl, die Temperatur und weitere Zustände einsehen.

Klein und leicht: Das zigarettenschachtelgroße Miele-Kommunikationsmodul lässt sich einfach in die dazugehörige Buchse des Miele-Geräts schieben.

Egal, welches Gerät zum Einsatz kommt – in der Praxis ist vor allem die Abfrage der Restlaufzeit ein echter Gewinn. Grundvoraussetzung dafür ist neben dem passenden Haushaltsgerät und dem dazugehörigen Kommunikationsmodul das sogenannte Kommunikations-Gateway mit ZigBee-USB-Stick, das sozusagen die Brücke zwischen den Haushaltsgeräten und den weiteren Geräten im Heimnetz und Smart Home bildet.

2.2.1 Miele-Geräte mit Kommunikationsmodul nachrüsten

Egal, ob Dunstabzugshaube, Kühlschrank, Herd oder Waschmaschine – moderne Haushaltsgeräte von Miele bringen einen einheitlichen Anschluss für das Kommunikationsmodul mit. Für den Einbau des Moduls sowie die Inbetriebnahme und Initialisierung sollte das Gerät vom Stromnetz getrennt werden. Aufgrund seiner Bauform ist ein fehlerhaftes Einsetzen des Kommunikationsmoduls nahezu ausgeschlossen. Mit einem sanften Druck rastet der Schließmechanismus ein und hält das Kommunikationsmodul im Einbauschacht fest.

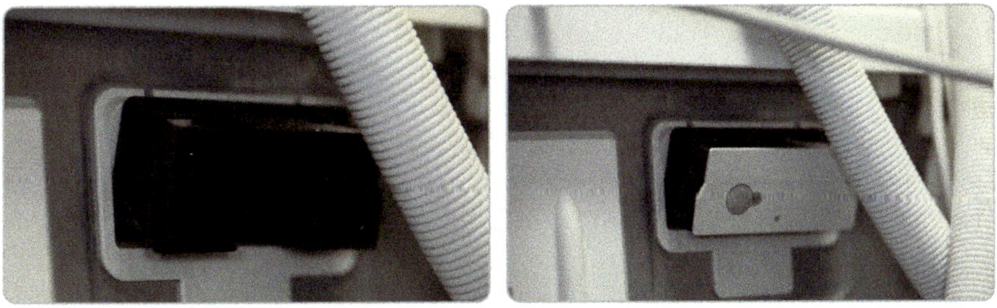

Vorher und nachher: Bei den Miele-Waschmaschinen befindet sich der Anschluss für das Kommunikationsmodul auf der Geräterückseite. Ist das Kommunikationsmodul eingeschoben und in der Halterung eingerastet, ist die Hardwareinstallation abgeschlossen.

Ist das Modul korrekt eingesetzt und das Haushaltsgerät wieder mit der Stromversorgung verbunden, muss das Kommunikationsmodul bei einer Miele-Waschmaschine im `Einstellungen/Settings`-Menü gesondert eingeschaltet werden, damit es später mit dem Miele-Gateway Verbindung aufnehmen kann.

2.2.2 Miele-Geräte mit dem Heimnetzwerk verbinden

Im Lieferumfang des Miele-Gateways befindet sich neben der eigentlichen Empfängereinheit mit Ethernet-Buchse und dem passenden Netzteil auch ein USB-Zigbee-Funkmodul.

Der Aufbau und die Installation des Miele-Gateways sind in wenigen Minuten erledigt: Gerät auspacken und das Netzwerkkabel des WLAN-Routers mit der RJ45-Buchse des Miele-Gateways verbinden. Der beigefügte USB-Zigbee-Stick wird – wie in der Bedienungsanleitung beschrieben – in den zweiten USB-Port USB2 gesteckt, und zu guter Letzt wird die Spannungsversorgung angeschlossen.

Neben dem Anschluss für die Stromversorgung, einem Reset-Knopf und der RJ45-Buchse für das LAN-Kabel ist eine USB-Buchse mit der Beschriftung USB1 verbaut. Auf der Rückseite des Miele-Gateways sind weitere USB-Anschlüsse (USB2/3/4) untergebracht.

Der anzuschließende USB-Stick für die Zigbee-Verbindung kommt vom Hersteller Telegesis und kann natürlich auch direkt am Computer verwendet werden (Mac-OS-, Windows-, Linux-Treiber sind online erhältlich) – in diesem Fall ist das Miele-Gateway jedoch nutzlos. Am Miele-Gateway angeschlossen, findet der USB-Stick die mit dem Miele-Kommunikationsmodul ausgerüsteten Haushaltsgeräte und listet sie im Konfigurationsdialog auf.

Folgt man der Installationsanleitung von Miele, ist der beigelegte ZigBee-USB-Stick in den USB-Anschluss USB2 einzustecken.

Nach der hardwaremäßigen Installation nehmen Sie die Einrichtung des Miele-Gateways über die Administrationswebseite vor, die Sie per Eingabe der IP-Adresse des Miele-Gateways über jeden beliebigen Webbrowser erreichen. Die Administrationswebseite funktioniert nur im lokalen Netz. Wenn das Gateway zum ersten Mal in Betrieb genommen wird, finden Sie die IP-Adresse über den WLAN-Router heraus.

2.2.3 Grundinstallation des Miele-Gateways

Die IP-Adresse erhält das Miele-Gateway in der Regel vom heimischen WLAN/ LAN-Router über den dort integrierten DHCP-Server. In diesem Beispiel wird dem Miele-Gateway die IP-Adresse `192.168.123.33` zugewiesen. Zusätzlich lässt sich oftmals auch der Netbios-Name (hier: `XGW3000`) für die Namensauflösung und Zuordnung der Geräte im Heimnetz verwenden, sofern der WLAN/ LAN-Router selbst als Internet-Gateway fungiert und die IP-Adressen sämtlicher angeschlossener Geräte kennt.

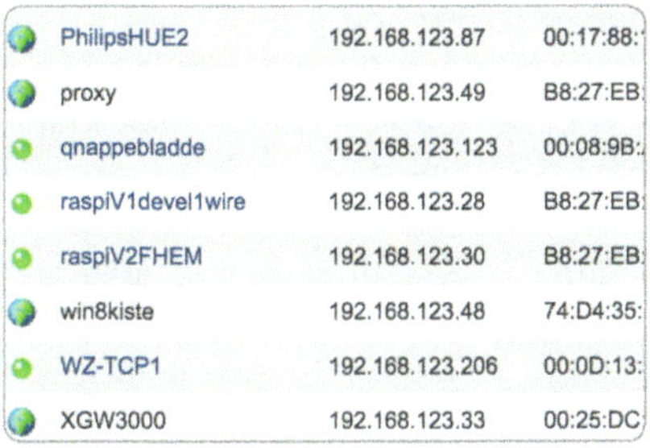

PhilipsHUE2	192.168.123.87	00:17:88:
proxy	192.168.123.49	B8:27:EB
qnappebladde	192.168.123.123	00:08:9B:
raspiV1devel1wire	192.168.123.28	B8:27:EB
raspiV2FHEM	192.168.123.30	B8:27:EB
win8kiste	192.168.123.48	74:D4:35:
WZ-TCP1	192.168.123.206	00:0D:13:
XGW3000	192.168.123.33	00:25:DC

Tragen Sie die IP-Adresse des Miele-Gateways XGW3000 - in diesem Beispiel ist es die Adresse 192.168.123.33 - in die Adresszeile des Webbrowsers ein.

Wird der Konfigurationsassistent erstmalig gestartet, legen Sie zunächst die gewünschte Landessprache sowie die sogenannte Aufstellregion fest. Anschließend können Sie sich mit dem Standardbenutzer `xgw3000` und dem dazugehörigen Kennwort `xgw3000` im Bereich `Gateway Administration` am Anmeldebildschirm anmelden.

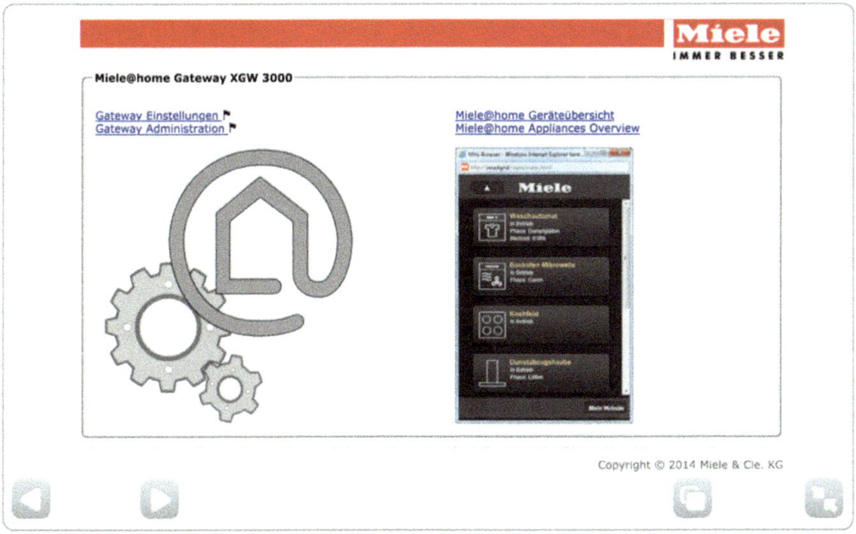

Wechseln Sie in den Bereich **`Gateway Administration`** und melden Sie sich dort mit den Anmeldeparametern (Benutzer **`xgw3000`** und Standard-Passwort **`xgw3000`**) an.

Ganz gleich, ob Sie das aktuelle Miele-Gateway XGW3000 oder das ältere XGW2000 verwenden: Der Benutzername `xgw3000` bzw. `xgw2000` ist dauerhaft zugeordnet und im Gegensatz zum Kennwort nicht veränderbar. Haben Sie das Kennwort vergessen, lässt sich das Miele-Gateway mithilfe der Reset-Taste auf die Werkseinstellungen zurücksetzen. In diesem Fall wird das Passwort auf den Auslieferungszustand zurückgesetzt und lautet je nach Miele-Gateway wieder `xgw3000` oder `xgw2000`. Beachten Sie, dass beim Drücken auf die Reset-Taste alle vorgenommenen Einstellungen gelöscht werden, die bereits konfigurierten Haushaltsgeräte müssen danach neu eingerichtet werden. Nach der erstmaligen Anmeldung lässt sich auf Wunsch im Bereich `Einstellungen` vorab prüfen, ob für das Miele-Gateway eine aktualisierte Firmware-Version zur Verfügung steht. Dafür reicht ein Klick auf die Schaltfläche `Neue Firmware suchen` aus. Dies funktioniert natürlich nur, wenn das Miele-Gateway über die Ethernet-Buchse mit einem LAN/WLAN-Router verbunden ist, der wiederum mit dem Internet verbunden ist. Ist das nicht der Fall, kann das Firmware-Update über einen Computer geladen und anschließend über die lokal vorhandene Update-Datei gestartet werden.

Nach dem Neustart erhält das Miele-Gateway wieder seine »alte« IP-Adresse. Wurden in der Zwischenzeit Änderungen an der Netzwerkkonfiguration vorgenommen und ist das Miele-Gateway nicht mehr über den heimischen LAN/WLAN-Router erreichbar, lässt es sich auch direkt mit dem Computer verbinden, um die Netzwerkkonfiguration anzupassen. Dafür verbinden Sie das Miele-Gateway über ein Ethernet-Kabel mit dem Computer und richten die IP-Adresse des Computers im IP-Bereich `192.168.5.X` ein. Anschließend ist das Miele-Gateway über den Webbrowser unter der IP-Adresse `192.168.5.5` erreichbar.

Kommen mehrere Miele@home-fähige Haushaltsgeräte zum Einsatz, kommunizieren sie nicht nur mit dem Gateway (hier XGW 3000), sondern auch untereinander. Damit Sie den Überblick über Ihre Haushaltsgeräte behalten, sollten Sie sämtliche Geräte am Gateway initial anmelden. Um ein Gerät mit dem Miele-Gateway zu verheiraten, wechseln Sie nach der Anmeldung in den Bereich `Geräte` und dort auf die Schaltfläche `Weiteres Gerät anmelden`.

Nach der erfolgreichen Anmeldung des Miele-Geräts werden alle am Gateway angemeldeten Geräte in der Geräteliste angezeigt. Erst danach ist es möglich, für das Gerät weitere Informationen anzeigen zu lassen, die weitere Daten für die Kopplung anderer Geräte liefern.

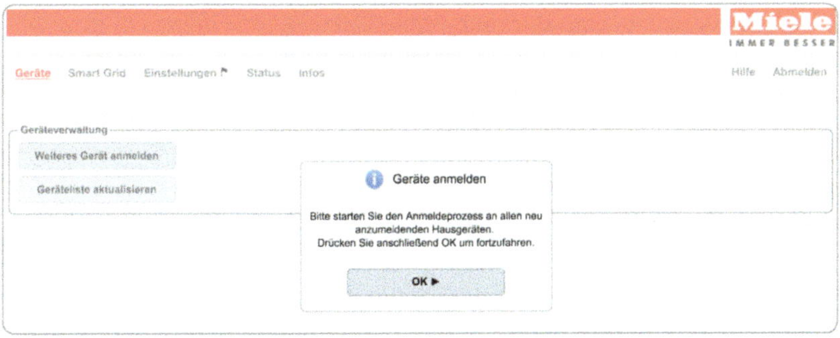

Erscheint die obige Meldung von Seiten des Miele-Gateways, schalten Sie das Haushaltsgerät ein, wechseln in das Einstellungen-Menü und starten, wie im Folgenden beschrieben, die Anmeldung zum Miele@home-Gateway.

2.2.4 Waschmaschine mit Miele-Gateway koppeln

An jedem einzelnen Miele@home-tauglichen Haushaltsgerät – in diesem Fall exemplarisch an einer Waschmaschine – ist die Kopplung zum Miele-Gateway manuell in wenigen Schritten durchzuführen. Dafür schalten Sie die Geräte ein, wechseln je nach Modell mit dem Drehregler oder Touchschalter in das `Einstellungen`-Menü und suchen dort nach dem `Miele@home`-Eintrag.

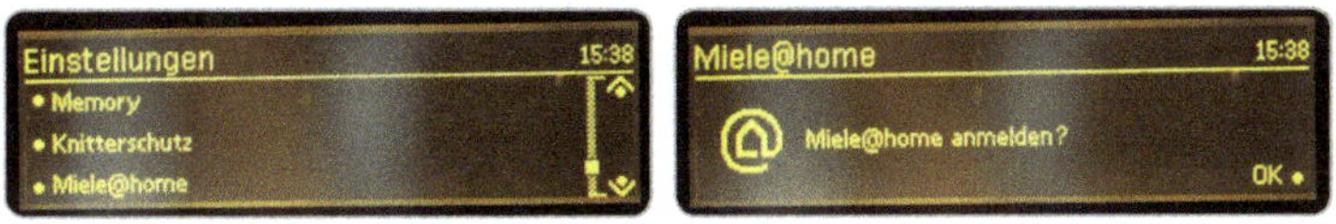

Erster Schritt: Wechseln Sie in das Einstellungen-Menü der Waschmaschine. Dort gehen Sie zum Menü-Punkt **`Miele@home`**, um die Anmeldung zum Miele-Gateway anzustoßen.

Den Pairing-Vorgang mit dem Miele-Gateway stoßen Sie im Dialog `Miele@home` an und bestätigen bei `Miele@home anmelden?` durch die Auswahl von `OK` die Kopplung zur Netzwerkschnittstelle.

Der Anmeldeprozess am Miele-Gateway dauert einen kurzen Moment. War die Anmeldung erfolgreich, ist die Waschmaschine mit dem Miele-Gateway gekoppelt.

Nach Abschluss des Pairings mit dem Miele-Gateway erscheint auf dem Display der Waschmaschine der Hinweis, dass die dort eingestellte Tageszeit von nun an über das Miele-Gateway synchronisiert wird.

Neben den Statusinformationen tauscht die Waschmaschine auch Datum und Uhrzeit mit dem Miele-Gateway aus.

Im nächsten Schritt sollte im Konfigurationsdialog des Miele-Gateways die neu initialisierte Waschmaschine erscheinen. Während des Pairing-Vorgangs ist bzw. war ein Fortschrittsdialog zu sehen.

Nach der ersten Inbetriebnahme des Miele-Gateways sind alle hardware- und netzwerkseitigen Voraussetzungen geschaffen. Im nächsten Schritt benötigen Sie für den mobilen Zugriff die passende App, die auch über den Status des Geräts informiert, wenn Sie nicht zu Hause sind.

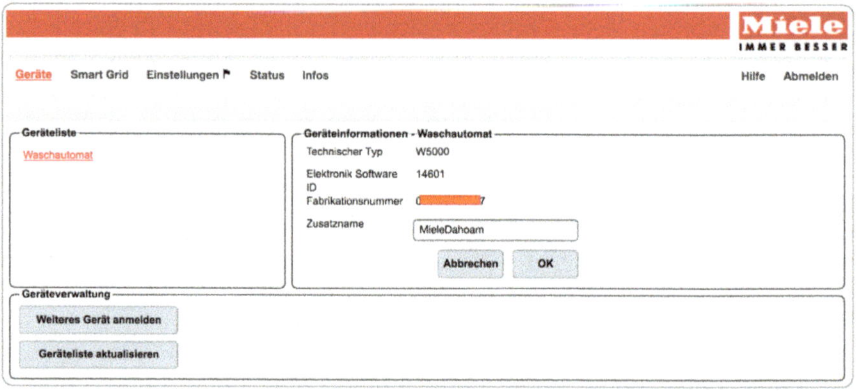

Erfolgreich angemeldet: Nun ist das Miele-Haushaltsgerät mit dem Gateway verheiratet. Als zusätzliches Feature können Sie dem Gerät einen eigenen, persönlicheren Namen – hier MieleDahoam – zuweisen.

2.2.5 Android oder Apple iOS: Miele@mobile-App im Einsatz

Miele stellt die passende `Miele@mobile`-App für mobile Devices aus der Android- und iOS-Welt kostenlos in den jeweiligen App-Stores zur Verfügung. Im nachfolgenden Beispiel kommt die `Miele@mobile`-App für iOS zum Einsatz, die sich sowohl auf iPhone und iPod touch als auch auf iPad-Geräten installieren und nutzen lässt.

Nach Download und Installation auf dem mobilen Device starten Sie die App und richten das im Heimnetz vorhandene Miele-Gateway in der App ein. Ist das Smartphone mit dem heimischen Netz über das WLAN verbunden und das Miele-Gateway wiederum im Heimnetz verfügbar, ist die Suche per `Gateways finden`-Schaltfläche in der App in wenigen Augenblicken erledigt. Damit das vorhandene Miele-Gateway in der App auch sichtbar ist, müssen das Miele-Gateway und das mobile Endgerät im selben Heimnetzwerk verbunden sein. Selektieren Sie aus dem Suchergebnis – in der folgenden Abbildung ist es das `Gateway mit einem Gerät (Waschmaschine)`.

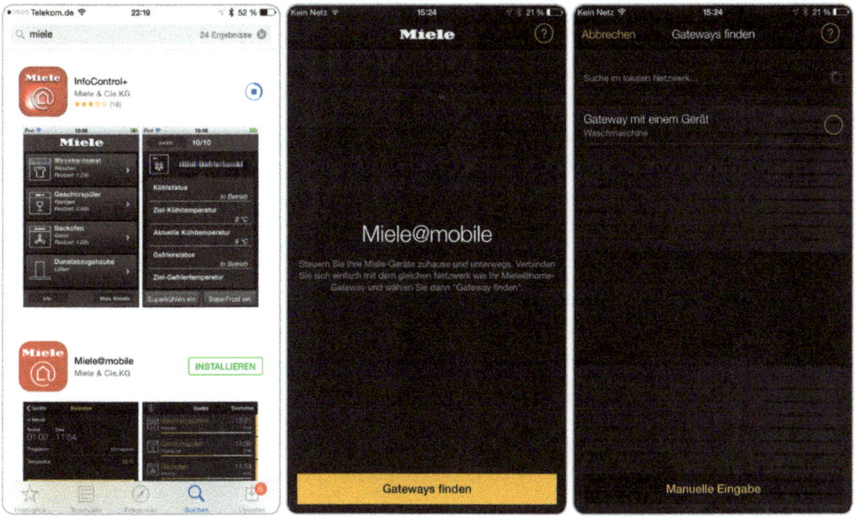

Verwechslungsgefahr: Neben der modernen Miele@mobile-App befindet sich noch der Vorgänger InfoControl+ im App-Store, der allerdings nicht mit der aktuellen Version des Miele-Gateways funktioniert. Ist das Miele-Gateway im Heimnetz gefunden, wählen Sie es in der App aus.

Ist das Miele-Gateway ausgewählt, wird es mit der App gekoppelt. Im nächsten Schritt lässt sich die App dahingehend konfigurieren, dass sie auch Fernzugriffsfunktionen zur Verfügung stellt. Voraussetzung dafür ist ein modernes Miele-Gerät mit Fernzugriffsmöglichkeit.

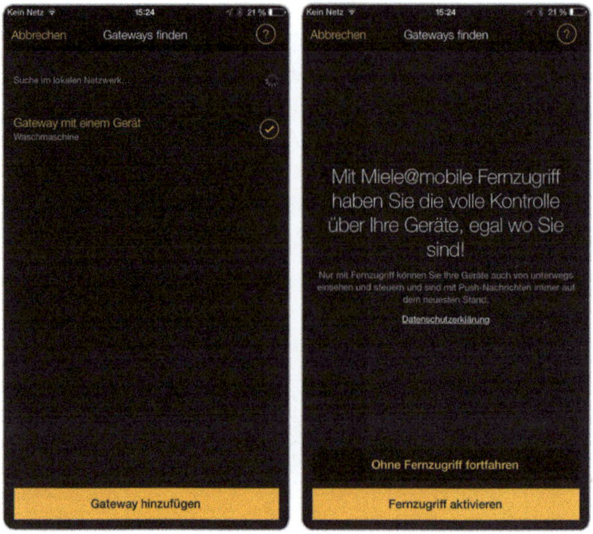

Ist die App mit dem Miele-Gateway im Heimnetz gekoppelt, können Sie sich für den Fernzugriff (aus dem Internet) oder den lokalen Zugriff auf die Gerätefunktionen im Heimnetz entscheiden.

Zu guter Letzt wird die App selbst konfiguriert. Im hier beschriebenen Fall wird die iOS-eigene Benachrichtigungsfunktion genutzt, um die Statusmeldungen der App auf den Startbildschirm des Smartphones »durchzureichen«. Diese Benachrichtigungsfunktion muss natürlich erst in den Sicherheitseinstellungen von iOS konfiguriert sein.

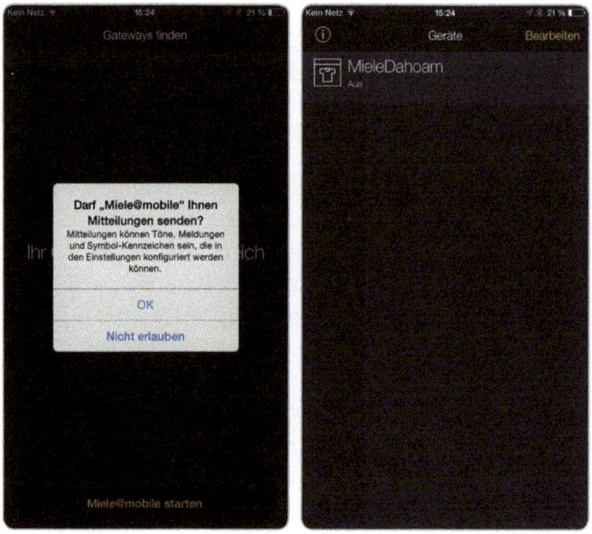

Sind die Sicherheitseinstellungen hinsichtlich der Benachrichtigungsfunktion festgelegt, steht die Miele@mobile-App schließlich für den Einsatz bereit.

Von nun an informiert die Miele@mobile-App das mobile Device mittels der Benachrichtigungsfunktion laufend über den Zustand der mit dem Miele-Gateway gekoppelten Geräte.

Die Benachrichtigung durch die App erfolgt je nach Konfiguration der Benachrichtigungsfunktion des mobilen Devices nicht nur im Heimnetz, sondern auch im mobilen Netz, sofern eine Internetverbindung zur Verfügung steht. Damit sind auf Wunsch auch die Fernzugriffsfunktionen des Geräts verfügbar, mit denen sich verschiedene Parameter des Miele-Haushaltsgeräts steuern lassen.

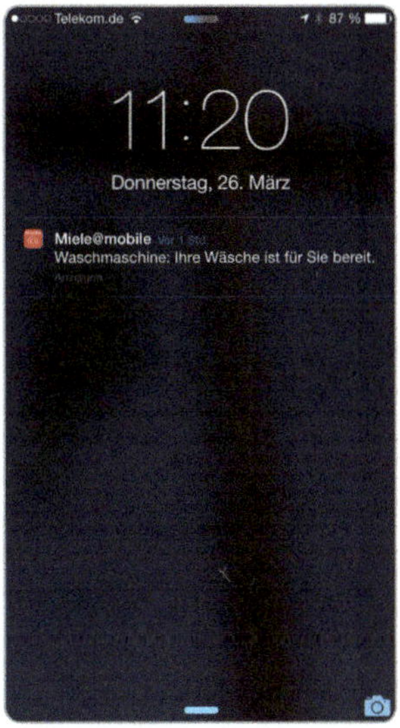

Benachrichtigung per App: Jeder Zustand bzw. jede Zustandsänderung wird mit einer Benachrichtigung auf dem Smartphone bekannt geben.

2.3 DAS SMARTPHONE ALS KÖRPERWAAGE

Vernetztes Heim, Glück allein – der Blick auf die Waage ist manchmal weniger ein Glück, sondern eher ein Schrecken, sofern das Wunschgewicht noch in weiter Ferne liegt. Doch mit Disziplin und der nötigen Technik fällt es etwas leichter: Mit dem Smart Body Analyzer im Zusammenspiel mit einem Smartphone, Tablet oder Computer überwachen Sie Ihr Gewicht und Ihr Wohlbefinden. Die Waage ist über das WLAN mit dem Internet verbunden und stellt die Messwerte auf der Webseite des Herstellers in einem privaten Bereich (`my.withings.com`) dar.

Ist das Smartphone über Bluetooth mit der Waage gekoppelt, werden die Daten auch für die noch zu installierende Smartphone-App (für iOS bzw. Android) bereitgestellt. Neben dem Körpergewicht ermittelt das Gerät den Körperfettanteil, die Herzfrequenz und die Luftqualität (CO_2-Anteil) der Umgebung. Nutzen mehrere Personen die Waage, werden sie an der Fußsohle erkannt und die ermittelten Daten werden dem passenden Benutzer zugeordnet. In der Smartphone-App sind noch einige Daten anzugeben, beispielsweise das Alter, das Geschlecht und die Körpergröße, die in einem eigenen Profil gespeichert werden. Mit der Körperwaage lassen sich bis zu acht Personen vermessen.

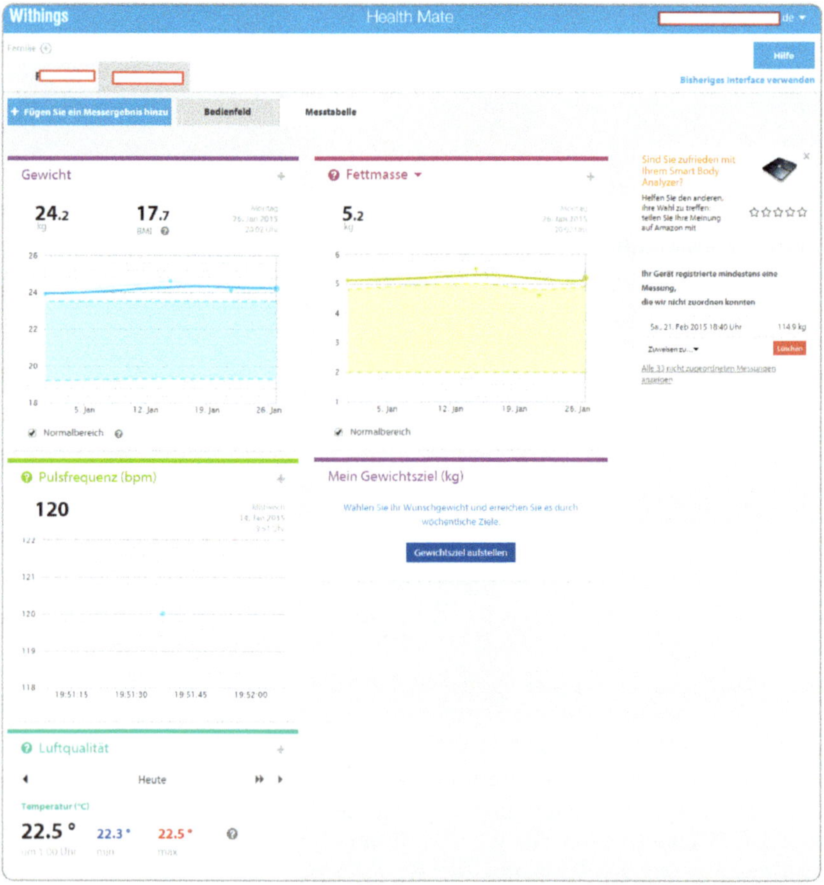

Das große Messen: Das maximal zulässige Beladungsgewicht der Waage liegt bei 200 kg – die Werte werden in 100-Gramm-Abständen ausgegeben. Zusätzlich wird der Anteil des Körperfetts mithilfe einer bioelektrischen Impedanzanalyse (BIA) ermittelt. Zu guter Letzt werden im persönlichen Bereich die Herzfrequenz sowie die Ergebnisse der CO_2- und der Raumtemperaturmessung dargestellt.

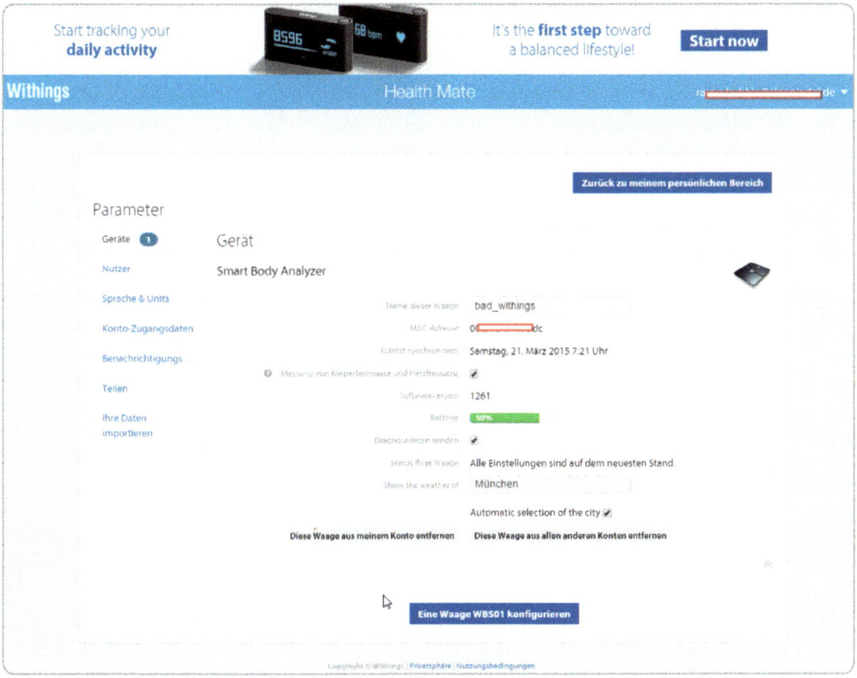

Der Smart Body Analyzer stellt die Messwerte im privaten Bereich der Withings-Seite dar und kann sie auf Wunsch im Bereich `Teilen` twittern oder auf Facebook veröffentlichen. Glücklicherweise ist diese Option standardmäßig deaktiviert.

Zusätzlich lässt sich die Waage mit einer Eigenbau-Hausautomation auf FHEM-Basis verwenden, mit der Sie die Daten und Messwerte bequem auf Ihrem Computer speichern und weiterverarbeiten können. Während das Gewicht einer oder mehrerer Personen für die »klassische« Hausautomation weniger von Belang ist, sind Messwerte wie Temperatur und CO_2-Gehalt im Bad deutlich sinnvoller. So ist es denkbar, die Heizung anhand der gemessenen Temperatur einzustellen bzw. über die Steuereinheit einstellen zu lassen. Der Bedarf nach rechtzeitigem Lüften und frischen Sauerstoff kann per SMS- oder E-Mail-Benachrichtigung auf das Smartphone des Bewohners gemeldet werden.

2.3.1 App für Smart Body Analyzer installieren

Wenn Sie im App-Store von Apple bzw. im Google Play Store nach dem Begriff `Withings` suchen, wird Ihnen die App `Withings Health Mate` angeboten. Die rund 26 MByte große App ist innerhalb weniger Minuten heruntergeladen und auf dem Smartphone installiert – und zwar bis hin zur Kopplung der App mit der Waage mitsamt der Synchronisation der Daten. Zwischen der iOS- und der Android-Version haben wir wenige bis keine Unterschiede festgestellt, sodass die nachfolgenden Seiten für beide Smartphone-Welten gültig sind.

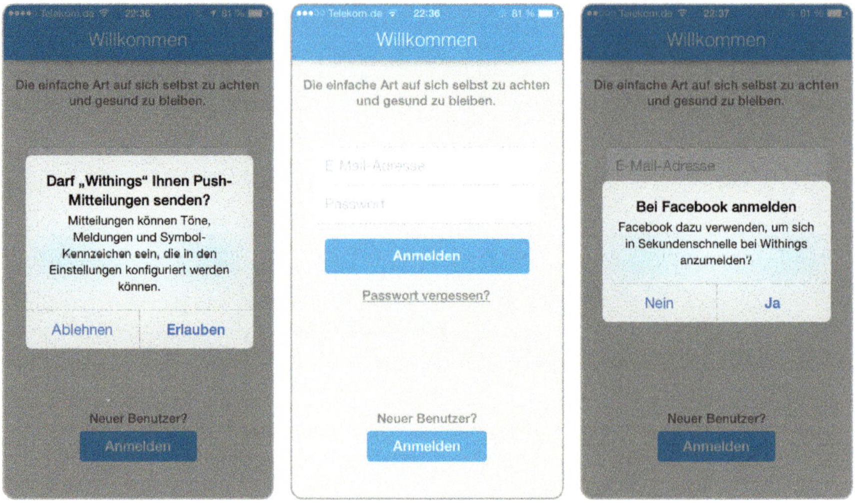

Erstinstallation: Nach der Installation auf dem Smartphone benötigt die App ein Benutzerkonto und ein Kennwort, das über eine persönliche E-Mail-Adresse eingerichtet wird.

Ist die App auf dem Smartphone installiert, starten Sie sie und bereiten sie für die Kopplung mit der Waage vor. Push-Benachrichtigungen sind immer Geschmackssache, aber sie werden nervig, wenn jede App meint, irgendwelche Hinweise als Nachricht auf den Bildschirm bringen zu müssen, und das auch noch mit Klingel- oder Vibrationsalarm. Die App verlangt einen eigenen Benutzer in Form einer E-Mail-Adresse samt Kennwort, was künftig der Authentifizierung auf der Withings-Webseite dient. Auch hier werden wie bei vergleichbaren Anwendungen wie Netatmo, Google, Apple und Co. die Daten vom Device via WLAN über das Internet auf den Herstellerserver übertragen, dort aufbereitet und anschließend auf der Weboberfläche oder in der App passend dargestellt.

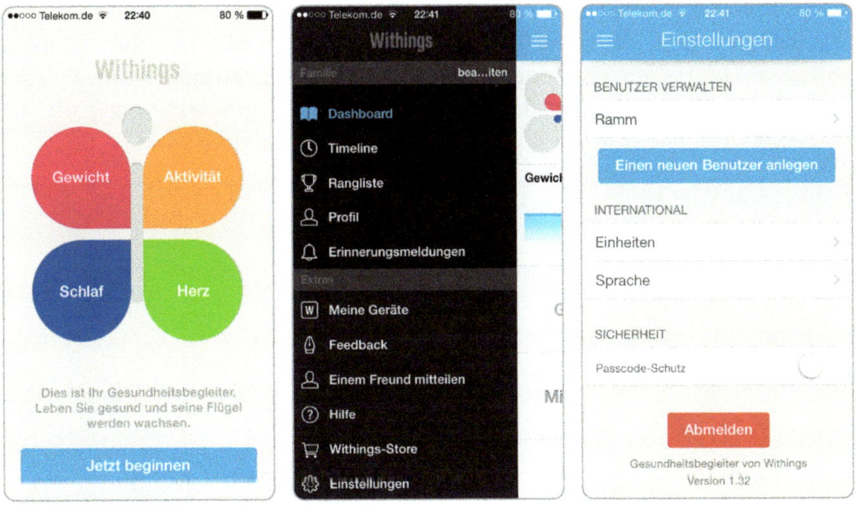

Innerhalb der App lassen sich diverse Parameter wie Maßeinheiten, Sprache usw. bequem anpassen.

Die Erstinstallation erfolgt mit einer Bluetooth-Kopplung über das Smartphone. Sorgen Sie daher dafür, dass die Bluetooth-Funktionalität des Smartphones eingeschaltet und auf sichtbar konfiguriert ist.

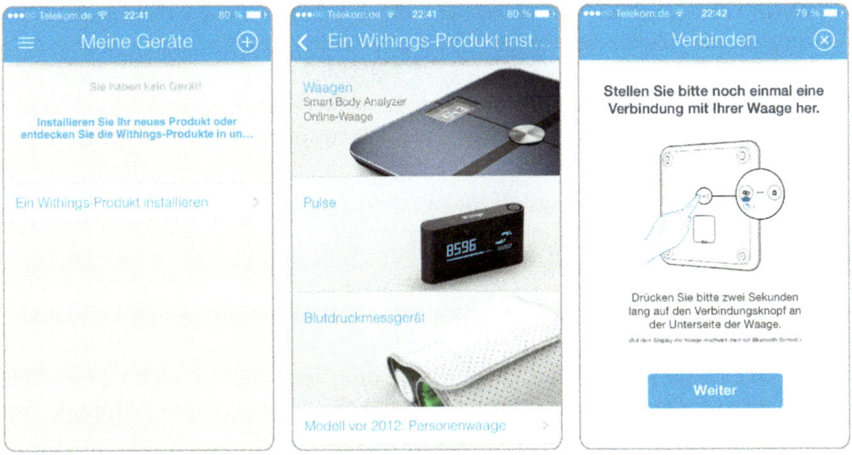

Schritt für Schritt: Sind die Grundeinstellungen vorgenommen, starten Sie mit dem Pairing der Waage. Dafür drehen Sie die Waage um und drücken auf den linken Schalter, um das Bluetooth-Pairing des Geräts anzustoßen.

Nach einem Augenblick sollte der Name der Waage in den Bluetooth-Einstellungen auftauchen. Sie brauchen nichts weiter zu tun, als diese auszuwählen und die Erlaubnis zur Verbindung zu erteilen. Im nächsten Schritt holt sich die App die WLAN-Verbindungsdaten des Smartphones, um damit eigenständig und ohne Zutun des Smartphones eine Verbindung aufzubauen.

Nach dem Koppeln über Bluetooth greift die Waage die WLAN-Verbindungseinstellungen des Smartphones ab und sichert sie in der Waage, damit sie selbstständig über HTTP die aktuellen Daten in den persönlichen Bereich auf dem Withings-Server übertragen kann.

Der Einrichtungsdialog fordert eine explizite Bestätigung ein, dass diese Daten von der gekoppelten Waage auch verwendet werden dürfen. Wurden die WLAN-Parameter an die Waage übertragen, dient die App künftig nur noch als Monitor und zu Dokumentationszwecken. Die Daten selbst, sprich die Gewichtsangaben, den Fettanteil, die Temperatur und die Luftqualität, bezieht die App dann über den Withings-Server.

Je nach Entfernung klappt die Übertragung der Daten zum Smartphone mehr oder weniger zuverlässig. Steht die Waage im Bad, hat man vermutlich nicht immer das Smartphone dabei. Die Aufbereitung der Daten erfolgt auf dem Withings-Server, und die Messwerte lassen sich bequem über die Withings-App anzeigen. Jenseits der Gewichtsfunktionen bietet die Waage weiteren praktischen Nutzwert für den automatisierten Einsatz zu Hause.

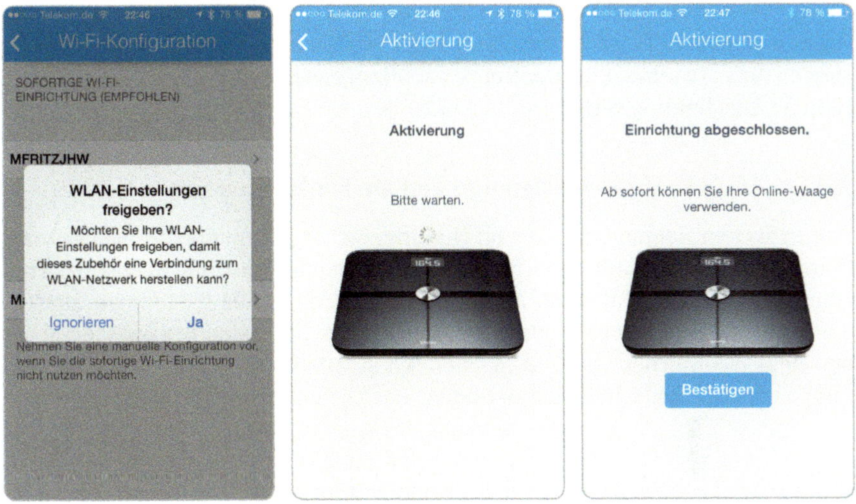

Immerhin: Der Konfigurationsassistent fragt nach, ob er die WLAN-Parameter und somit auch das WLAN-Kennwort des Smartphones verwenden darf. Anschließend wird die Netzwerkkonfiguration in den Speicher der Waage geschrieben.

2.4 TCP/IP-STECKDOSEN MIT DEM SMARTPHONE STEUERN

In der Regel besitzen TCP/IP-Steckdosen einen eingebauten Webserver, mit dem Sie banale Dinge wie das Ein- und Ausschalten steuern können. Begibt man sich auf die Suche nach einem passenden Modell, ist man mehr als überrascht, dass es beim Elektronikhändler neben China-Baumarktware und Billigsteckdosen auch deutsche Hersteller gibt, die sich in diesem Marktsegment bewegen. Sieht man von »Made in Germany« einmal ab, muss es gute Gründe geben, ein Steckdosenmodell auszuwählen, das mit 100 Euro und mehr in Preisregionen vorstößt, in denen Sie für das gleiche Geld 30 Funksteckdosen (zum Beispiel ELRO 440) erhalten würden. Jeder, der bereits Erfahrungen mit den Billig-Baumarktsteckdosen und den Funksteckdosen FS20/HomeMatic und dergleichen gemacht hat, kennt jedoch das Problem: Einige Steckdosenmodelle sind nur für eine begrenzte Last ausgelegt, andere haben keinen manuellen Ein-/Ausschalter auf der Steckdose, und wieder bei anderen Modellen ist die eingebaute Sicherung zu schwach. Trotz dieser Unzulänglichkeiten können diese Steckdosenlösungen für bestimmte Einsatzzwecke vor allem aus Kostengründen dennoch die richtige Anschaffung sein.

2.4.1 TC IP 1: Apple-Design und geniale Funktionen

Wer in Sachen Heimautomation auf Nummer sicher gehen möchte, eine gewisse (Verarbeitungs-)Qualität erwartet und darüber hinaus die nötigen Zertifizierungen und Prüfsiegel und somit auch eine Funktionsgarantie bekommen möchte, dem seien die Rutenbeck-Modelle ans Herz gelegt. Sie bieten je nach Modell neben dem eigentlichen An-/Aus-Schaltvorgang weitere Funktionen wie Temperaturmessung, Zeitschaltuhrfunktionen oder eine Stromverbrauchsmessung mitsamt dazugehöriger Kostenberechnung. Das Rutenbeck-Modell `Energy Manager TC IP 1 WLAN` ist vollgepackt mit solchen praktischen Gimmicks und Möglichkeiten. So bietet es einen sogenannten Impulsbetrieb, um beispielsweise ein abgestürztes Gerät zurückzusetzen. Praktisch ist das manuelle Schalten per Taster, zudem protokolliert die Steckdose die Leistung des angeschlossenen Verbrauchers und bietet eine Schaltung je nach Last- oder Temperaturwerten an.

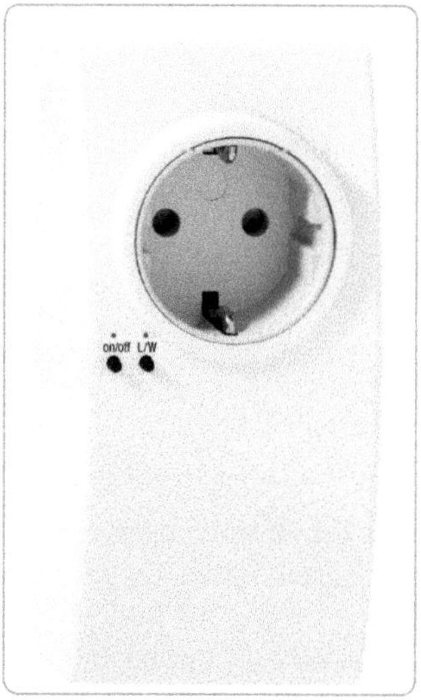

Während die Standard-IP-Steckdose TC IP 1 zu einem Preis von 75 bis 100 Euro erhältlich ist, zahlen Sie für das Modell TC IP 1 WLAN Energy Manager das Doppelte. Beide haben das gleiche stylish geformte Gehäuse und bringen einen Ein-/Ausschalter sowie eine `Netz/Konfig`-Taste mit (Bild: rutenbeck.de).

Mit den Bord-Funktionen der Rutenbeck-Steckdose lassen sich leicht Konfigurationen für einen wirksamen Einbruchschutz erstellen. So kann beispielsweise in einer Wohnung die Beleuchtung jeden Abend sporadisch eingeschaltet werden, um die Anwesenheit der Bewohner zu simulieren. Diese vielen Möglichkeiten der Rutenbeck-Steckdose bringen für die Heimautomation deutlich mehr praktische Anwendungsszenarien, mit denen Sie Ihrem Partner die Anschaffung eines solchen Modells schmackhaft machen können.

2.4.2 Waschmaschine und Trockner überwachen

Die zusätzlichen Features des TC IP 1 WLAN lassen sich bequem in verschiedene Anwendungsszenarien zu Hause integrieren: Möchten Sie beispielsweise sicherstellen, dass eine Lampe eingeschaltet ist – etwa in einem Gewächshaus, Terrarium oder dergleichen –, dann können Sie über das Netzwerk mit der Messung des Laststroms an der angeschlossenen Lampe feststellen, ob das Gerät tatsächlich eingeschaltet ist. Diesen Zustand kann der TC IP 1 WLAN selbstständig per E-Mail melden. Auf ähnliche Weise können Sie sich beispielsweise informieren lassen, wenn der Waschgang im Keller beendet ist, damit die Wäsche zeitnah entnommen und getrocknet werden kann.

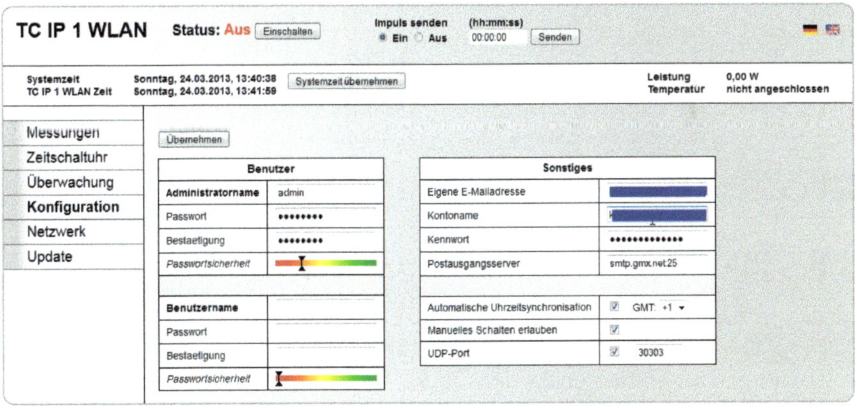

Vorbereitung: Soll die Steckdose bei Beendigung des Waschgangs oder des Trockenvorgangs eine Benachrichtigung verschicken, ist in diesem Dialog die Konfiguration der E-Mail-Parameter notwendig.

Der TC IP 1 WLAN Energy Manager lässt sich so einstellen, dass er die Leistungsaufnahme der Waschmaschine überwacht. Naturgemäß sinkt nach dem Waschgang die Leistungsaufnahme der Waschmaschine dauerhaft und geht in den Ruhezustand. Hier kommt der TC IP 1 WLAN Energy Manager ins Spiel und setzt darüber per E-Mail eine Benachrichtigung ab.

Um beispielsweise den Leerlauf-Leistungswert der Waschmaschine zu bestimmen, schalten Sie einfach die Waschmaschine ein und prüfen die Leistung. Runden Sie diesen Wert leicht auf, tragen Sie ihn im Feld `Min-Wert` ein und setzen Sie anschließend das `aktiviert`-Häkchen.

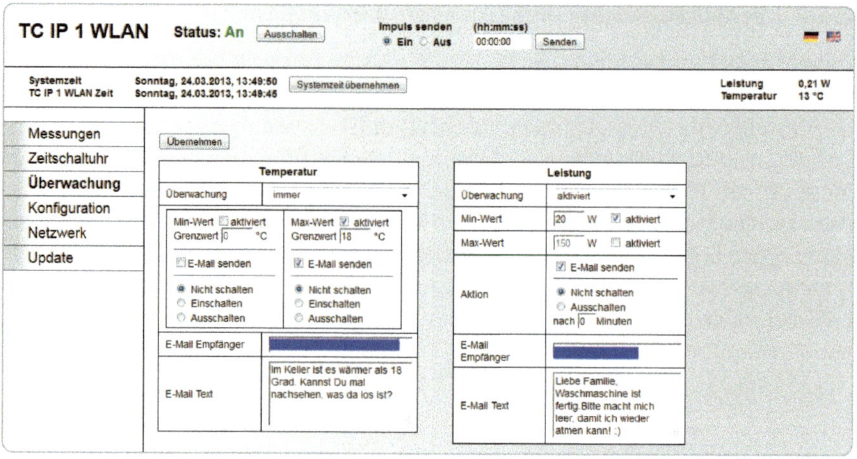

Im zweiten Schritt legen Sie die Überwachung fest: Hier können Sie die Temperatur- und Leistungsparameter nach Ihren Wünschen konfigurieren.

2.5 PLAYBULB: LICHT UND GESANG AUS DER LAMPENFASSUNG

LED-Lampen in sämtlichen Farben für den E27-Lampensockel samt Bluetooth-Kopplung sind nichts Neues mehr. Ein zusätzlich verbauter Lautsprecher in der LED-Lampe sorgt jedoch auch an den Stellen der heimischen Umgebung für eine akustische Untermalung, die bisher nicht mit Lautsprechern ausgestattet werden konnten. Glaubt man den vielen begeisterten Anwenderberichten im Internet, kommen solche Lampen vorwiegend im Bad oder in der Küche zum Einsatz. Je nach Einsatzzweck gibt es auch noch andere Möglichkeiten – beispielsweise als Alarmlampe im Treppenhaus oder als Außenlampe, die zusätzlich zu einem Blinkeffekt eine Sound-Datei in voller Lautstärke wiedergibt. Dafür benötigen Sie eine Kommandozentrale wie beispielsweise einen Raspberry Pi oder einen stromsparenden Intel NUC samt Bluetooth-Dongle, der dafür an rund um die Uhr im Betrieb sein muss. Wie auch immer Ihr Einsatzzweck aussieht: Mit dem Smartphone haben Sie mit einer LED-Lampe mit Lautsprecher eine ungewöhnliche Kombination, doch das Pairing der Lampe mit dem Smartphone klappt nicht immer auf Anhieb und hat im Betrieb oftmals kleine Macken. In diesem Abschnitt lesen Sie, wie Sie die Playbulb-Lampen mit dem Smartphone stabil in Betrieb nehmen können.

2.5.1 Farbe oder nicht – eine Frage des Geldbeutels

Bunt und RGB, weiße LEDs, dimmbar oder nicht? Wer sich auf Onlineplattformen auf die Suche nach LED-Lampen mit Lautsprechern macht, der hat die Qual der Wahl – und was teuer ist, ist bekanntlich nicht immer das Beste. Sie werden wahrscheinlich häufig auf Mipow-Produkte stoßen, und es stellt sich die Frage ob Playbulb, Playbulb Lite oder Playbulb Color. Achten Sie darauf, dass im Onlinehandel zwei unterschiedliche Playbulb-Lampen mit weißen LEDs verfügbar sind. Während die Playbulb Lite gewöhnliche weiße LEDs verwendet, lassen sich die weißen LEDs der Playbulb (ohne Lite) zusätzlich dimmen. Die Playbulb Color ist ebenfalls dimmbar und bietet ein Farbspektrum von 16 Mio. Farben.

	Playbulb Lite	Playbulb Color	Playbulb Rainbow	Playbulb Candle	Playbulb Garden
Beschreibung	LED-Glühbirne mit Bluetooth-Lautsprecher, warmweiß	LED-Glühbirne mit Bluetooth-Lautsprecher, Farbwechsel und App-Steuerung	LED-Glühbirne mit Farbwechsel und App-Steuerung	LED-Teelicht mit Farbwechsel und App-Steuerung	LED-Solar-Gartenlicht mit Farbwechsel und App-Steuerung
App-Steuerung		✓	✓	✓	✓
Integrierter Bluetooth-Lautsprecher	✓ 3W Soundleistung	✓ 5W Soundleistung			
RGB-Farbmodus		✓ 16 Mio Farben	✓ 16 Mio Farben	✓ 16 Mio Farben	✓ 16 Mio Farben
Gruppenkompatibel		✓	✓	✓	✓
LED Daten	Warmweiß, 2.5W LED, 190 Lumen	Warmweiß + Mehrfarbig, 6W LED, 260 Lumen	Warmweiß + Mehrfarbig, 5W LED, 355 Lumen	Warmweiß + Mehrfarbig, 0.2W LED	Warmweiß + Mehrfarbig, 0.6W LED
Stromversorgung	Lampensockel: E27 (100-240V, 50-60Hz)	Lampensockel: E27 (100-240V, 50-60Hz)	Lampensockel: E27 (100-240V, 50-60Hz)	kabelloser Batteriebetrieb	kabelloser Akkubetrieb über Solarenergie
Energieeffizienzklasse	A+	A+	A+		
Bluetooth	Bluetooth 3.0, 10m Reichweite	Bluetooth 4.0 Smart, 10m Reichweite	Bluetooth 4.0 Smart, 10m Reichweite	Bluetooth 4.0 Smart, 20m Reichweite	Bluetooth 4.0 Smart, 20m Reichweite
Material	Kunststoff	Keramik + Kunststoff	Aluminium + Glas	Kunststoff	Kunststoff + Industriesolarpanel

Playbulb-Geräte in der Übersicht auf `amazon.de`: Die ersten beiden Lampen lassen sich auch ohne Lautsprecher verwenden, der Lautsprecher hingegen lässt sich nur betreiben, wenn auch die Lampe eingeschaltet bzw. die Lampenfassung mit Spannung versorgt ist.

2.5.2 Bluetooth-Kopplung auf Umwegen

Grundsätzlich ist das Einrichten einer Bluetooth-Verbindung vom Smartphone zu den kompatiblen Geräten keine große Sache. Doch manchmal funktioniert die Bluetooth-Verbindung nicht, und oft liegt das zugrundeliegende Problem nicht unbedingt am Smartphone selbst: Die häufigste Fehlerursache ist der Signalabstand. Dieser sollte zwischen Smartphone und dem anderen Bluetooth-Gerät nicht größer als 10 Meter sein. Es gilt: Je kürzer die Entfernung und je weniger Wände zwischen den Sendern, desto leichter finden sich die Geräte. Befindet sich ein Gerät in einem Metallkasten – beispielsweise in einem Briefkasten –, stört dies die Übertragungsleistung enorm und reduziert die sichere Bluetooth-Verbindung. Gleiches gilt auch für Funkwellen im 2,4-GHz-Bereich, die im Haushalt in der Regel von DECT-Telefonen, LAN/WLAN-Routern oder einer im Betrieb befindlichen Mikrowelle versendet werden.

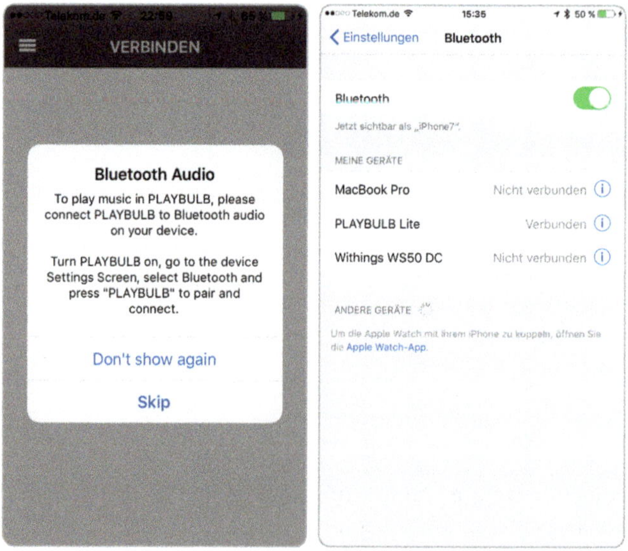

Kopplung über den Einstellungen-Dialog: Öffnen Sie die `Einstellungen` und wählen Sie die Kategorie `Bluetooth` aus.

Aktivieren Sie im `Einstellungen`-Dialog die Bluetooth-Sichtbarkeit – die Playbulb-Lampe lässt nur in den ersten Sekunden nach dem Einschalten eine Kopplung zu. Ist die Sichtbarkeit des Smartphones aktiviert, sollte das Playbulb-Gerät im Bluetooth-Dialog angezeigt werden. Wählen Sie es aus, und schon sind beide Geräte miteinander gekoppelt. Manchmal kommt es vor, dass es bei einem erneuten Verbindungsversuch mit einem erfolgreichen Aufbau nicht klappt. In diesem Fall wählen Sie bei einem iOS-Gerät im `Bluetooth`-Dialog rechts neben dem gekoppelten Playbulb-Gerät das Info-Symbol aus, aktivieren dort die Option `Dieses Gerät ignorieren` und bestätigen diese Auswahl mit `Gerät ignorieren`. Anschließend nehmen Sie die Kopplung der beiden Geräte erneut vor.

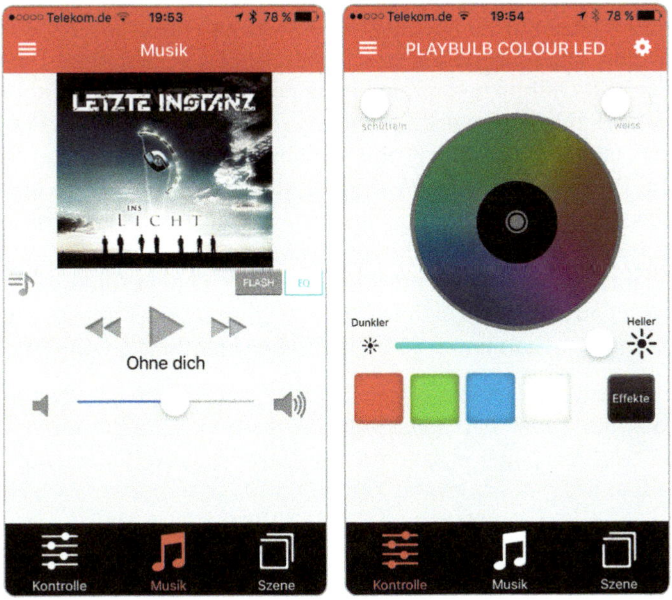

Farbsteuerung und Musikwiedergabe: Ist das Smartphone mit der Playbulb verbunden, lässt sich über die eingebauten Lautsprecher die auf dem Smartphone gespeicherte Musik abspielen.

Die eigentliche Steuerung der Lampe geht nach Start der App intuitiv von der Hand: Per Schieberegler lässt sich die Helligkeit dimmen, über den Farbkreis mischen Sie die Farben der LEDs. Wer auf die Lautsprecherwiedergabe verzichten kann und in seiner Lichtkonfiguration zu Hause mehr als fünf Lampen mit dem Smartphone steuern möchte, muss zu anderen Lösungen greifen. Die größte Auswahl von LED-Lampen und Zubehör bietet seit jeher Philips, mit dem Hue-System sind Sie am flexibelsten.

2.6 LICHTSPIELHAUS: HUE-BRIDGE UND LAMPEN

LED-Leuchtmittel sind zurzeit angesagt wie nie zuvor – nicht nur, weil sich diese Technik in den letzten Jahren enorm entwickelt und immer mehr Einzug in den Alltag gehalten hat. Viele handelsübliche Haushaltsgeräte setzten auf LEDs, und so wird z. B. die Beleuchtung von Kühl- oder Badezimmerschränken oft von energiesparenden LED-Lampen und -Strahlern übernommen. Die klassische Glühbirne mit Wolframdraht hat ausgedient, was für eine Schonung der Stromrechnung sorgen soll. Dass neben Leuchtmittel-LEDs auch andere Dinge im Inneren einer LED-Glühbirnenfassung Platz haben, überrascht nicht. In Verbindung mit einer (Funk-)Netzwerk-Technologie wie WPAN (Wireless Personal Area Network) ist es kein großes Problem mehr, jede einzelne Glühbirne explizit zu steuern. Der Vorteil von WPAN im Vergleich zu WLAN (Wireless Local Area Networks) ist die geringere Sendeleistung, die zu einer Energieersparnis und somit bei mobilen Geräten wie Fernbedienungen zu einer verlängerten Batterielaufzeit führt. Das Unterbringen von WPAN in Glühbirnen und dergleichen wird von den in der Zigbee-Alliance zusammengeschlossenen Unternehmen mit einem vorhandenen Standard Zigbee Lightlink gekoppelt.

Allgemeine Informationen zum Thema Zigbee Lightlink liefert das englischsprachige Dokument aus der Feder der Zigbee-Alliance (`www.nxp.com/documents/user_manual/JN-UG-3091.pdf`), hier erhalten Interessierte weitere Hintergrundinformationen.

2.6.1 Hell wie Donald Duck: Birnen für Apple

Schon Donald Duck wusste: »Wer keine weiche Birne hat, isst harte Äpfel aus Halberstadt.« In diesem Fall kommen die Äpfel aus Cupertino und die Birnen aus Amsterdam. Auch Philips ist auf dem Zigbee-Lightlink-Zug aufgesprungen und vertreibt die Philips-Hue-Glühlampen in unterschiedlichen Komplettpaketen nach dem Motto: Wer Äpfel isst, hat mehr in der Birne. Die unter dem Namen Hue verkauften Lampen sind strategisch vorwiegend für die Apple-Kundschaft gedacht, lassen sich jedoch mittlerweile auch mit alternativen Geräten aus der Android-Welt und alternativen Desktop-Betriebssystemen steuern – dem Zigbee-Standard sei dank. Wie früher bei Apple gewohnt, waren die Hue-Starter-Pakete von Philips ausschließlich über den Apple-Onlinestore erhältlich und schnell ausverkauft. Das sorgte anschließend in den verschiedenen Online-Auktionshäusern für noch höhere Early-Adopter-Preise, die mittlerweile aber wieder in der Realität angekommen sind. Ganz gleich, wo Sie das Philips Hue-Starter-Paket beziehen: Günstig ist es gemessen an der dahinterliegenden Technik nicht. Im Weihnachtsgeschäft 2015 war das Hue-Starter-Paket für rund 180 Euro erhältlich, einzelne LED-Lampen in einfacher Bulb-Ausführung schlugen mit etwas weniger als 60 Euro zu Buche.

Harmonische Farben und abgestimmte Lichtkonzepte stellen mit der Philips Hue zu Hause keine Wissenschaft mehr dar (Quelle: Philips).

Fasst man die Versprechungen und Produktbeschreibungen zum Hue-Starterpaket zusammen, lassen sich bis zu 50 Hue-Glühlampen in einem einzigen System miteinander verbinden und verbrauchen bis zu 80 % weniger Strom als herkömmliche Lampen – gemeint sind wohl Glühbirnen mit Wolframdraht. In einer vernetzten Welt lassen sich die Lampen von jedem Punkt auf der Welt aus steuern – natürlich mit dem iPhone oder iPad, was für einen Spaß-Faktor sorgen soll. Die Ausbaufähigkeit des Hue-Systems wird locker-flockig mit einem »einfachen Hinzufügen einzelner Lampen« beschrieben. Als Grundvoraussetzung wird lediglich die mitgelieferte, notwendige Brücke angegeben, die im Starter-Paket enthalten ist.

Die Praxis sieht jedoch schnell anders aus: Die Lampen passen in eine handelsübliche E27-Haushaltsfassung, lassen sich also normal einsetzen und sind ab Werk mit dem beigelegten Brückenadapter gepairt. Andere Hue-Modelle, wie der Bloom-Strahler oder LED-Klebestreifen (Friends of Hue LightStrips), müssen der Bridge manuell hinzugefügt werden, was sich oft als Hürdenlauf entpuppt. Außerdem lassen sich laut Hersteller-Info neue Lampen aus einem anderen Starter-Paket nicht mit einer bestehenden Bridge pairen, es sollen wohl die teueren Einzellampen verkauft werden. Auch der fehlende Schalter bei den Bloom- und Friends-of-Hue-Lightstrips-Modellen macht in der Praxis nur bedingt Freude. Wer abends vollgepackt nach Hause kommt, möchte nicht vorher umständlich mit dem Smartphone die Lichter anschalten müssen.

Sämtliche genannten Hürden und Probleme lassen sich mit der richtigen Einrichtung und mithilfe des Raspberry Pi technisch umschiffen und lösen. Am Ende des Tages haben Sie ein vollautomatisches, perfektes Lichtsystem in Ihren eigenen vier Wänden, das irgendwann auch den relativ hohen Anschaffungspreis vergessen lässt.

2.6.2 Unterschiedliche Hue-Lampen zusammenschalten

Im Hue-Starter-Pack befinden sich neben dem Netzteil und dem Netzwerkkabel der Basisstation – der Bridge – bereits drei gekoppelte Philips-LED-Glühbirnen, auch Bulbs genannt. Wenn Sie neben den drei Standardlampen weitere Hue-Glühbirnen, LED-Streifen (Friends of Hue LightStrips), einzelne LED-Strahler (LivingColors Bloom) oder gar ein weiteres Starter-Pack im Einsatz haben, herrscht schnell Ernüchterung: Das Zusammenschalten der unterschiedlichen Lampen will entweder nicht auf Anhieb oder gar nicht klappen. Die Anschaffung wird schnell zum Ärgernis und zur Umtausch- oder gar zur Rückgabe-Reklamation. Was der Hersteller nicht leistet (oder leisten will), sind Lösungen für ein wirklich einfaches Koppeln von unterschiedlichen Lampen, um diese einheitlich oder getrennt in Gruppen usw. schalten zu können. Wie meist in einem solchen Fall haben sich Tüftler im Internet der Sache angenommen und verschiedene Lösungswege entwickelt. Hinter vielen dieser Lösungsvorschläge steckt nur warme Luft, die zuverlässigste Methode ist die im Folgenden beschriebene Lampstealer-/Telnet-Maßnahme, mit der die unterschiedlichen Hue-Lampen zusammengeführt werden können.

Lampstealer im Einsatz

Das Freeware-Werkzeug Lampstealer ist prinzipiell nicht anderes als ein ausführbares Java-Archiv und steht unter `www.everyhue.com/?page_id=167` zum Download zur Verfügung. Für das Starten und Ausführen der Datei `Lampstealer.jar` ist eine installierte Java-Open-JDK-Runtime notwendig. Sicherheitshalber versehen Sie die Datei mit den entsprechenden Berechtigungen zum Ausführen. Dafür sorgt das Kommando `chmod a+x Lampstealer.jar`. Das Programm Lampstealer selbst ist nach dem Start einfach zu bedienen: Klicken Sie auf die Schaltfläche `Find bridge`, um im Heimnetz nach der angeschlossenen Hue-Bridge zu suchen. Es wird natürlich davon ausgegangen, dass die Bridge ordnungsgemäß mit der Stromversorgung sowie über die RJ45-Buchse mit dem heimischen Switch bzw. Router verbunden und automatisch über den DHCP-Server im Heimnetz eine IP-Adresse zugeordnet wurde.

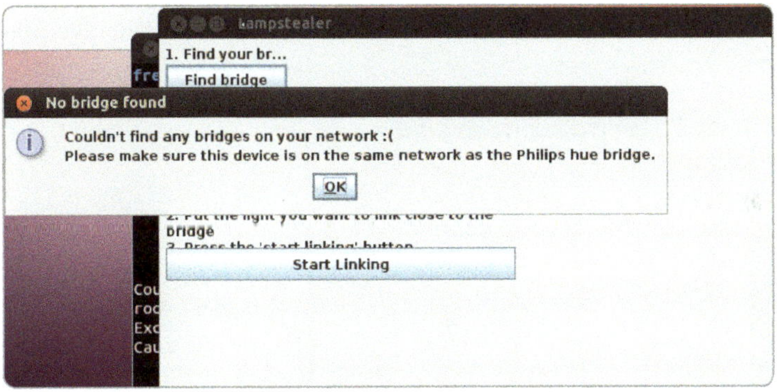

Nach dem Start von Lampstealer stellen Sie sicher, dass sich der genutzte Computer im gleichen Netzwerksegment befindet wie die angeschlossene Hue-Basisstation.

Erst wenn sich der Computer sowie die Hue-Basisstation in einem gemeinsamen Netz befinden, schlägt `Lampstealer` an und zeigt die IP-Adresse der gefundenen Hue-Bridge im Programmfenster an. Klicken Sie den Hinweis, dass eine Bridge gefunden wurde, einfach weg und markieren Sie im Programmfenster den gefundenen Eintrag.

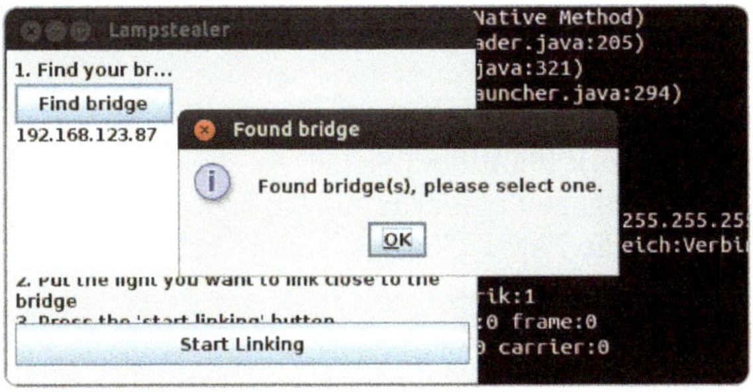

Wurde die Philips-Bridge gefunden, markieren Sie die IP-Adresse und klicken anschließend auf die Schaltfläche `Start Linking`, um den Pairing-Vorgang mit den vorhandenen Lampen von der Basisstation ausgehend anzustoßen.

Nach einem Klick auf die Schaltfläche `Start Linking` dauert es einen Moment – Lampstealer scannt die nähere Umgebung über die Bridge-Basisstation nach neuen, unbekannten Lampen ab. Dieser Vorgang muss für jede einzelne Lampe durchgeführt werden: Schrauben Sie beispielsweise Lampe 1 in die Fassung, schalten den Schalter ein und drücken auf `Start Linking`, fängt die Lampe nach wenigen Augenblicken an zu blinken. Nach dreimaligem Blinken ist der Pairing-Vorgang abgeschlossen. Anschließend schalten Sie die Lampe aus, schrauben die nächste Lampe in die Fassung, schalten sie ein und klicken erneut auf die `Start Linking`-Schaltfläche. Wiederholen Sie diesen Vorgang Schritt für Schritt, bis Sie alle »fremden« bzw. neuen Lampen der Bridge hinzugefügt haben.

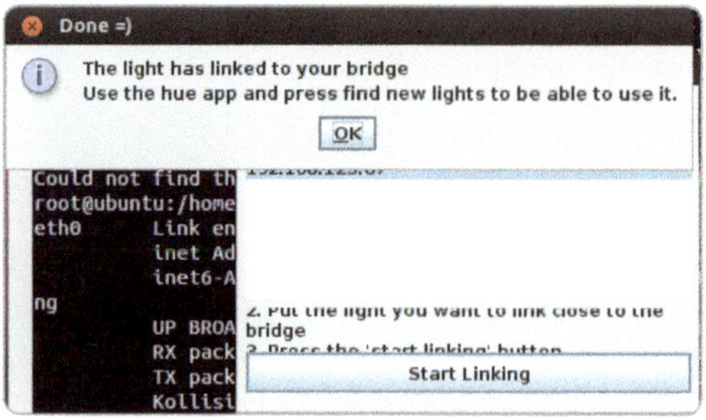

Erfolgreich gepairt: Die neue LED-Glühbirne wurde mit der Basisstation verheiratet. Im nächsten Schritt können Sie die neue Lampe über die Apps auf dem Smartphone suchen und in Betrieb nehmen.

Manchmal ist es sinnvoll, unter die Haube zu schauen, sich dem Quelltext der Dateien zu widmen und sich anzusehen, was ein Programm eigentlich macht. Das `jar`-Format macht dies sehr leicht, denn es ist wie das `zip`-Archivformat aufgebaut. Wenn Sie die Datei mit einem Archivmanager öffnen, anstatt sie auszuführen, liegen die Quellen der Java-Archivdatei offen. In diesem Fall können Sie im ausgepackten Verzeichnis navigieren und die einzelnen Bestandteile unter die Lupe nehmen.

Zugriff auf die Lampen über Telnet

Die Hue-Bridge bzw. jedes Zigbee-Netzwerk stellt seine Eindeutigkeit mittels einer Pan-ID (Personal Area Network Identifier) sicher. An dieser Stelle tut sich schon ein Sicherheitsloch des Zigbee-Standards auf: Lauscht ein Angreifer dem Netzwerkverkehr und findet die PAN-ID heraus, könnte er auf der gleichen Frequenz mit der gleichen PAN-ID wie das anzugreifende Netzwerk Befehle, also Pakete, versenden und somit auch die Lampen steuern. Für Abhilfe sorgt dann nur eine Änderung der netzwerkweiten `PAN-ID`. Um auf der Kommandozeile über den Raspberry Pi Kontakt mit der Hue-Bridge aufzunehmen, benötigen Sie das Programm `telnet`, das in der Regel erst installiert werden muss:

```
sudo apt-get install telnet
```

Ähnlich wie bei SSH müssen Sie bei der `telnet`-Verbindung mit der Hue-Bridge auf eine Begrüßungsmeldung verzichten. Dort geben Sie nach dem Verbindungsaufbau einfach das Kommando

```
[Link,Touchlink]
```

ein und drücken die Eingabetaste. Anschließend horcht die Hue-Bridge die nähere Umgebung nach neuen Geräten ab. Wird eines gefunden, wird dies mit einer Success-Meldung quittiert. Hier wird erstmalig auch die PAN-ID mitgeteilt. Um der lokalen Hue-Bridge weitere Lampen zuzuordnen, drücken Sie den mittigen runden Schalter auf der Basisstation, schalten die Lampe an und geben erneut den Befehl

```
[Link,Touchlink]
```

ein.

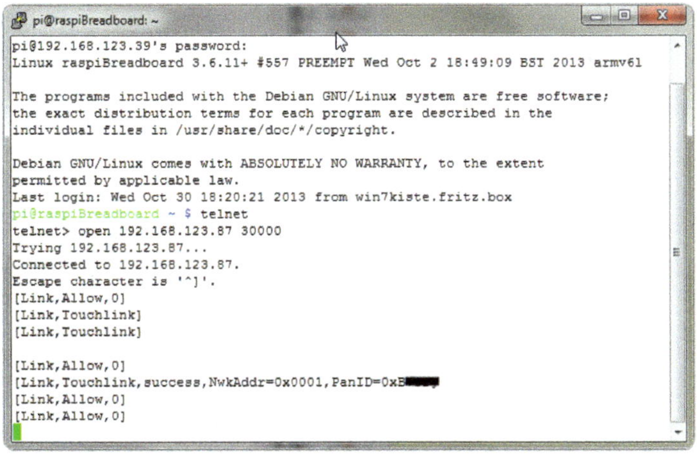

Warten auf die `success`-Meldung: Das Drücken des runden, mittig platzierten Schalters auf der Bridge initiiert `[Link,Allow,0]` und nach einer Weile den Aufruf `[Link,Disallow,0]` auf Port 30000.

Als Sie die Telnet-Verbindung gestartet haben, ist Ihnen sicher eine Bildschirmmeldung aufgefallen: der zum Beenden der Verbindung notwendige Escape character `^]`.

```
^]
telnet> quit
Connection closed.
```

Diesen erhalten Sie bei geöffneter Verbindung mit der Tastenkombination `<Strg> + <+>` (englisches Layout), bei deutschem Telnet-Tastaturlayout sind die Tasten `<Strg> + <AltGr> + 9` die richtigen. Angekommen auf der Telnet-Konsole, reicht der `quit`-Befehl aus, um wieder auf die Kommandozeile zu gelangen.

2.6.3 Hue-Lampen und Smartphones: Zwangshochzeit per App

Wer nur die im Starter-Paket mitgelieferten Lampen mit der Hue-Bridge einsetzt, braucht die beschriebenen Pairing-Maßnahmen nicht vorzunehmen, da die Lampen bereits ab Werk mit der Basisstation gekoppelt sind. Sie brauchen nur die drei LED-Lampen in die jeweiligen E27-Lampenfassungen einzuschrauben und über den Lampenschalter einzuschalten. Anschließend verbinden Sie die Hue-Bridge über das mitgelieferte Netzwerkkabel mit dem Router im Heimnetzwerk und stecken die Versorgungsspannung ein. Durch das Scannen des auf der Packung aufgedruckten QR-Codes gelangen Sie zur Philips Hue-App im Apple App-Store (`https://itunes.apple.com/de/app/philips-hue/id557206189`) oder im Google Play Store (`https://play.google.com/store/apps/details?id=com.philips.lighting.hue&hl=de`), die für die Steuerung, die Ersteinrichtung sowie für die Nutzung von Profilen und Gruppen vorgesehen ist. An Kosten haben Sie ggf. nur die Verbindungskosten zu tragen, die App an sich wird kostenlos vertrieben. Nach Download und Installation wird nach dem Start zunächst die Bridge gesucht und ausgelesen, falls bereits Lampen mit der Basisstation gekoppelt sind.

Suchen und verbinden: In diesem Schritt scannt die App das heimische Netzsegment ab, mit dem das iPhone über die WLAN-Verbindung verbunden ist. Je nach Verbindungsgeschwindigkeit dauert das ein paar Minuten.

Im nächsten Schritt drücken Sie den runden `Verbinden/Connect`-Knopf auf der Oberseite der Bridge, damit die App die auf der Bridge verfügbaren Lampen-Profile herunterladen und nutzen kann – wenn neben den drei Standardlampen weitere LED-Birnen angelernt werden sollen.

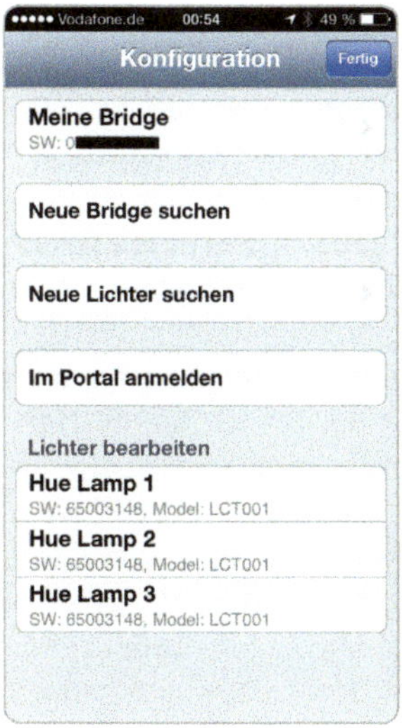

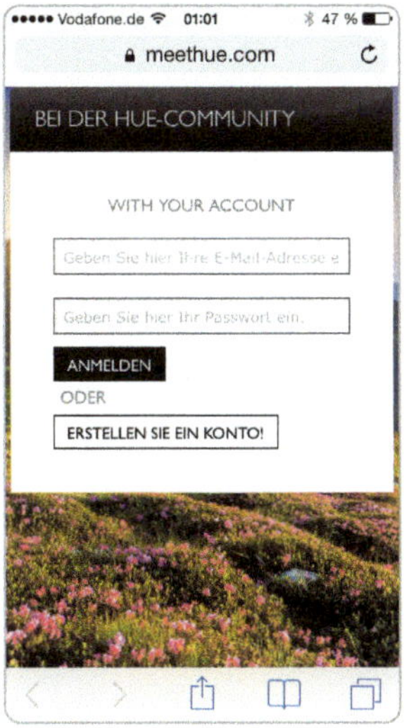

Apple und Birnen: Standardmäßig sind die im Starter-Paket mitgelieferten Lampen bereits vorkonfiguriert. Über die Community stehen Ihnen weitere Schalt- bzw. Leuchtprofile kostenlos zur Verfügung. Sie müssen sich jedoch registrieren und persönliche sowie technische Informationen zur Hue (Seriennummer, Verbindungs-Keys usw.) an Philips übertragen. Auf dieses Gimmick wurde im Rahmen dieses Buches verzichtet.

Nachdem Sie über die manuelle Link-Methode mit `telnet` oder `Lampstealer` hinzufügt wurden, sollten die neuen Lampen über die Bridge angesprochen werden können und den entsprechenden Anwendungen auf dem Computer bzw. in diesem Fall auf dem Smartphone zur Verfügung stehen. Philips stellt für die Einrichtung und Steuerung im App-Store von Apple eine kostenlose App zur Verfügung.

Für jede App auf jedem Apple-Gerät einmalig durchzuführen: Die Ersteinrichtung der Bridge bzw. das Einlesen der verfügbaren Lampen dauert einen kleinen Moment.

Grundsätzlich sind die Bewertungen in den Onlineshops zwar mit Vorsicht zu genießen. Zu groß ist die Gefahr, auf gefakte Bewertungen und Aussagen hereinzufallen. Oft werden auch Bewertungen abgegeben, die mit dem eigentlichen Produkt nichts zu tun haben, aber dennoch platziert werden, um den Hersteller eins auszuwischen. Glaubt man diesen Bewertungen, dann sollte die Philips Hue-App nicht unbedingt auf dem Smartphone installiert werden, aber getreu dem alten Sprichwort »Einem geschenkten Gaul schaut man nicht ins Maul« wandert die App dennoch auf den Desktop des Smartphones. Nach dem Start der App führt ein Assistent durch die verschiedenen Schritte der Ersteinrichtung, in der die Verbindung zur Hue-Basisstation konfiguriert wird. Anschließend lassen sich die mit der Hue gekoppelten Lampen steuern und im Hinblick auf die Farbgebung per App einfach einrichten. Für verschiedene Anwendungszwecke sind der Philips Hue-App bereits einige sogenannte Szenen beigepackt, die mit vorkonfigurierten Farbgebungen gerade bei mehreren Lampen sehr gut zur Geltung kommen. Es lassen sich auch manuell eigene Farbprofile und Szenen anlegen und sichern. Für weitere Beleuchtungsmöglichkeiten wie Lichtorgel, Strobolicht und mehr benötigen Sie vom Smartphone aus andere Lösungen. Dafür stehen kostenpflichtige Spezialprogramme wie Disco und Lightbow (iOS) bzw. LightControl (Android) in den jeweiligen App-Stores zur Verfügung.

Hue-Apps mit Spaß: Disco und Lightbow

Zu einem gelungenen Schlagerabend zu Hause mit Ihren Lieben gehörte in den Achtzigern die Sendung Disco im ZDF. Schlagermusik ist bekanntlich Geschmackssache. Doch bunte Lampen bzw. eine zum Mobiliar passende harmonische Farbgebung sind noch immer etwas Besonderes. Bringen Sie nun selbst mit dem Smartphone buntes Licht im Zusammenspiel mit den gewünschten Klängen in Ihr Wohnzimmer. Mit der App Disco lassen Sie die gewünschten Lampen im Takt leuchten, wenn das eingebaute Mikrofon aktiv ist.

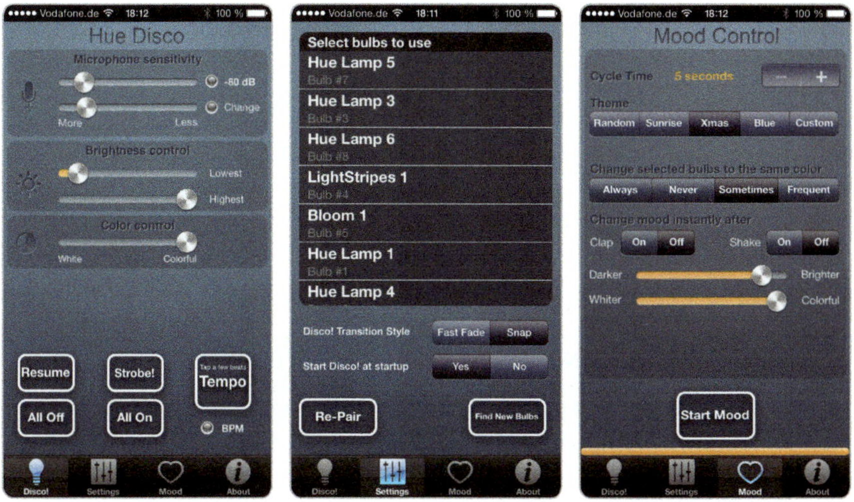

Partymodus mit Disco-Funktionen: Die iOS- bzw. Android-App Disco überzeugt mit vielen Funktionen und Einstellmöglichkeiten.

Im Gegensatz zur Disco-App bringt die kostenpflichtige iOS-App Lightbow keine Mulitmedia-Funktionen mit, verfügt jedoch im Vergleich zur originalen Hue-App von Philips über eine große Auswahl von vordefinierten Szenen und übersichtlichere Steuermöglichkeiten der Lampen. Wegen der intuitiven Steuerung, dank der gut gelösten Anordnung der Funktionen, sollte auch diese App für Hue-Begeisterte auf dem iOS-Gerät nicht fehlen.

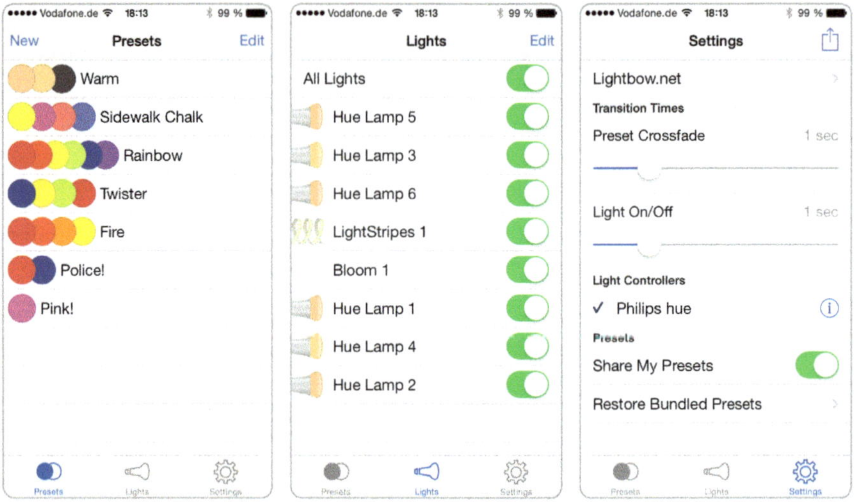

Romantik und mehr mit Lightbow: Die kostenpflichtige App überzeugt mit einer übersichtlichen Benutzeroberfläche.

Manchmal ist die Steuerung über eine Smartphone-App etwas sperrig. Wer die Philips Hue für automatische Zwecke nutzen möchte, nutzt für den Zugriff am besten die offene JSON (`JavaScript Object Notation`)-Schnittstelle.

2.7 MADE IN DRESDEN: LANGE LEITUNG FÜR HUE-STRIPES

Wer nicht nur eine Lampenfassung, sondern ganze Bereiche oder eine Hintergrundbeleuchtung – beispielsweise für Hängeschränke in der Küche, Wohnzimmer-Regale und dergleichen – mit farbigem Licht verschönern möchte, für den bieten sich sogenannte LED-Stripes an. Diese LED-Streifen sind in unterschiedlichen Längen und Techniken am Markt zu haben – wer etwas Geld sparen möchte, der baut sich die LED-Stripes in der gewünschten Länge einfach selbst. Für die Ansteuerung über das Smartphone sorgt die Philips-App, die sowohl für iOS als auch für Android verfügbar ist.

2.7.1 Abisolieren und stecken: LED-Streifen anschließen

Neben normalen RGB-LED-Streifen gibt es auch RGBW-LED-Streifen auf dem Markt, die einen größeren Farbraum abdecken. Beide lassen sich an der eingesetzten Schalteinheit FLS PP verwenden, jedoch derzeit (noch) nicht vom HUE-System, und leuchten deshalb im Betrieb einfach in Weiß mit. Wer auf Hue verzichten kann und selbst über einen Zwave-Controller verfügt, hat größeren Gestaltungsspielraum. Dresden Elektronik stellt auf seiner Website eine passende Lösung zum Schalten und Walten zur Verfügung. In diesem HUE-Modding-Projekt kommen die LEDs `RGB LightStrips Extend Color 5m` aus dem Hause Philips zum Einsatz. Für den LED-Streifen wird der beigelegte Trafo verwendet, der selbst zusätzlich mit einem richtigen Ein-/Ausschalter ausgestattet ist. So kann man bei Abwesenheit oder längerem Nichtgebrauch die Stromzufuhr zum Trafo manuell unterbrechen, ohne den Stecker ziehen zu müssen.

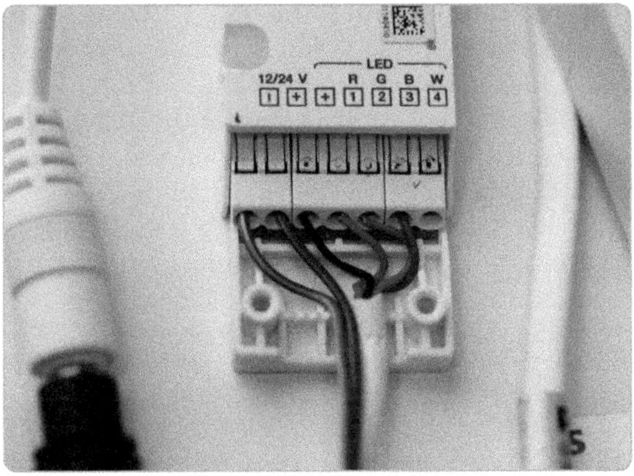

In diesem Fall wurde das Originalnetzteil mit einer Kupplung versehen und diese mit zwei Adern (+- und --Signal getrennt) in die jeweilige Steckbuchse (die ersten beiden Buchsen von links) eingesetzt.

Der Original-LED-Controller samt Fernbedienung wird in diesem Fall nicht mehr benötigt, deswegen wurde das Anschlusskabel des LED-Streifens verwendet. Die Farben der Adern entsprechen praktischerweise auch der Funktion – die rote Ader in die mit `R`-beschriftete Buchse eingesetzt, die grüne Ader in die `G`-Buchse und die blaue Ader in die `B`-Buchse. Dann schließen Sie den Deckel und verschrauben die Anschlüsse.

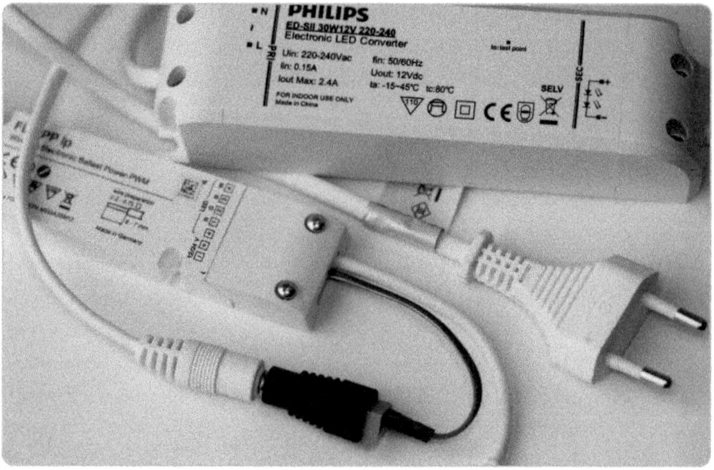

Bastelausflug beendet: Nun ist der Lichtcontroller für den langen LED-Streifen bestückt und kann an die Spannungsversorgung angeschlossen werden.

Das Pairing funktionierte im Test mit der neuen Hue-2-Basisstation nicht auf Anhieb. Deshalb ist es empfehlenswert, die Schalteinheit FLS PP sicherheitshalber auf die Werkseinstellungen zurückzusetzen. Dies erfolgt mit einer bestimmten Ein-/Ausschaltsequenz, die im FAQ-Bereich des Herstellers beschrieben ist. Trennen Sie die Schalteinheit vier Mal hintereinander vom Strom, zwischen dem Aus- und Einschaltvorgang zählen Sie 23-24-25, um in etwa eine 3-Sekunden-Frequenz zu erreichen. Anschließend sollte die Lichterkette für ca. 10 Sekunden blinken. Nach dem Blinken schalten Sie erneut die Schalteinheit FLS PP je zwei Mal aus und wieder ein und lassen wieder 3 Sekunden Abstand dazwischen. Dann werden die Einstellungen der Schalteinheit zurückgesetzt.

2.7.2 Schalteinheit FLS PP mit Hue-System koppeln

Nach dem erstmaligem Einschalten leuchteten die LED-Streifen in der Farbe Weiß. Um die Steuereinheit mit der neuen LED-Kette zu koppeln, öffnen Sie die Hue-App und wechseln in die `Einstellungen` und dort zum Menüpunkt `Meine Lampen`. Wählen Sie den ersten Punkt `Neue Lichter anschließen` aus und starten Sie die `automatische Suche`.

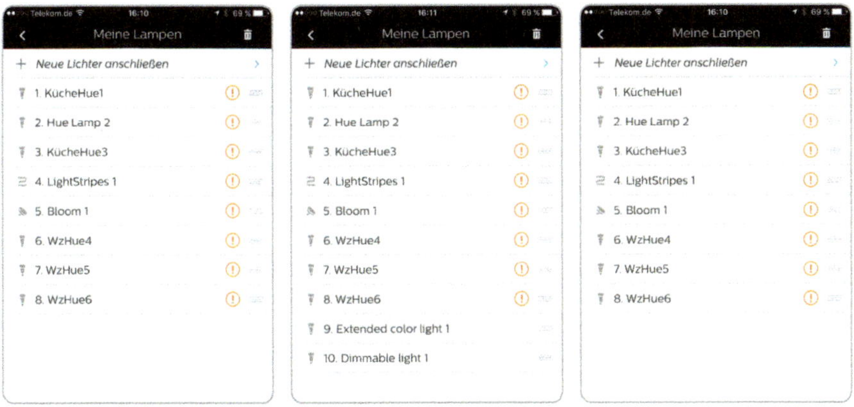

Nach dem Öffnen des `Einstellungen`-Dialogs wählen Sie `Neue Lichter anschließen` → `Automatische Suche`. In wenigen Augenblicken ist die Schalteinheit `FLS PP` mit der Bezeichnung `Extended Color Light 1` und `Dimmable light 1` in die Lampenübersicht eingebunden.

Die automatische Suche dauert einen kleinen Moment, anschließend erscheinen in diesem Fall mit `Extended Color Light 1` und `Dimmable light 1` zwei zusätzliche Einträge in der Hue-Lampenübersicht. Anschließend lassen sich diese Lampen wie die anderen Philips-Originale oder die Osram-Lightify-Lampen über die Hue-App steuern.

2.8 HUE-LAMPEN OHNE APP STEUERN

Sind die Hue-Lampen mit der Basisstation gekoppelt, die Beleuchtungsszenen konfiguriert und mit dem Smartphone steuerbar, macht ein Funkschalter die Beleuchtungstechnik zu Hause nahezu perfekt. Denn manchmal kommt es vor, dass das Smartphone nicht genutzt werden kann, etwa wenn Sie mit vollen Einkaufstaschen nach Hause kommen. Oder das Smartphone ist mit Apps überladen, und Sie finden nicht auf Anhieb die passende App, um die Beleuchtung zu steuern. Oder es kommt die Schwiegermutter für die Kinderbetreuung zu Besuch, die ohne Smartphone die Beleuchtungstechnik zu Hause nicht steuern kann. So gesehen kann es viele Gründe geben, die Philips-Hue-Lampen mit einem traditionellen Schaltersystem zu beglücken. Seit Oktober 2015 sind zwei verschiedene Schaltermodelle dafür im Philips-Sortiment zu finden.

2.8.1 Schalter mit Hue-System verbinden

Die Kopplung des Philips-Zubehörs erfolgt bei einem bereits eingerichteten System wie gewohnt über die Philips-App. Dort wechseln Sie in den `Einstellungen` auf den Menüpunkt `Meine Geräte`. Wählen Sie den ersten Punkt `Neue Geräte verbinden` aus und anschließend das Schaltermodel – rund oder rechteckig. Im Falle der neueren Schalterlösung mit Dimmer ziehen Sie die Schutzabdeckung der Batterie heraus und starten den Pairing-Prozess über die App per Tap auf die Schaltfläche `Orange LED blinkt`.

In wenigen Minuten ist der Schalter für das Hue-Beleuchtungssystem mit der Hue Bridge gekoppelt.

Ist der Schalter als gekoppeltes Gerät in der Hue-Umgebung eingetragen, wählen Sie ihn aus und weisen ihm eine oder mehrere Lampen zu, die über einen manuellen Schalter der Fernbedienung gesteuert werden sollen.

2.9 IOS UND HOMEKIT: SIRI MACHT STROM

Wenn Ihnen das Drücken der Funkschalter zu spießig ist, Sie aber beim Einsatz des Smartphones die vielen Apps nicht auf Anhieb griffbereit haben, können Sie bei eingerichteter Homekit-Unterstützung mit dem iOS-Gerät (ab iOS-Version 9) die Sprachassistentin Siri für den Schaltvorgang nutzen. Bei einem iPhone 6S sparen Sie sich den Doppelklick auf den Home-Knopf, um Siri zu aktivieren. Der Satz »Hey, Siri« reicht aus, um die Spracherkennung einzuschalten. Anschließend können Sie das gewünschte Kommando einsprechen, beispielsweise »Wohnzimmerlicht ein«. Voraussetzung dafür ist ein iOS-Gerät mit mindestens iOS 9 sowie bei den Philips-Hue-Lampen eine Homekit-kompatible Bridge, die für die Ansteuerung und Kontrolle der Lampen sorgt. Auch ohne Homekit-Technik lässt sich Siri für die Steuerung der Haushaltselektronik und Elektrik verwenden. Voraussetzung dafür ist jedoch, dass das Gerät selbst einen eingebauten Webserver mitbringt, mit dem es im Heimnetz über eine IP-Adresse erreichbar ist.

2.9.1 Was bin ich? Siri gibt Antwort

Mit Erscheinen des iPhone 4S im Oktober 2011 erfolgte auf dem Smartphone-Markt die Einführung einer Sprachsteuerung, die diesen Namen verdient. Die auf den Namen Siri getaufte, von Apple ehemals eingekaufte Lösung leistet um Längen mehr als alle anderen bisher bekannten Sprachsteuerungslösungen für Mobiltelefone oder Smartphones. Siri versteht nicht nur Wörter und ganze Sätze, sondern erkennt dank eingebauter Logik auch die Zusammenhänge gesprochener Wörter und kombiniert deren Bedeutung.

Siri versteht ganze Sätze und braucht keinen Telegrammstil.

Erteilen Sie Siri beispielsweise das Sprachkommando »Rufe meine Mutter an«, antwortet sie: »Wie heißt deine Mutter?« Antwortet man mit dem Namen des entsprechenden Kontakts im iPhone, fragt Siri nach, ob dieser Name mit

»Mutter« verknüpft werden soll. Nun weiß Siri, wer mit Mutter gemeint ist. Die Kopplung der Verwandtschaftsgrade ist eine vergleichsweise leichte Übung, sie funktioniert auch mit Vater, Onkel, Tante usw. Wie Sie lokale Verbraucher daheim – Licht, Steckdosen usw. – anhand eines Anrufs schalten und sogar per Sprachsteuerung über das Smartphone steuern können, wird zunächst an der skalierbaren Profi-Steckdosenlösung `TC IP 1` aus dem Hause Rutenbeck demonstriert.

2.9.2 Steckdosen mit Siri schalten

Der Adressbuchtrick, mit dem Sie die zu schaltenden Geräte mit einem Namen als Kontakt im Adressbuch des iPhones speichern und so für Siri nutzbar machen, ist sehr praktisch. Voraussetzung dafür ist, dass das Gerät selbst über eine HTTP-Adresse errreichbar ist und darüber hinaus die nötigen Funktionen zur Verfügung stellen kann. Überaus einfach und komfortabel ist das mit den Steckdosen aus dem Hause Rutenbeck: Bauen Sie sich den Ein- und Ausschaltlink so zusammen, dass er über das Smartphone genutzt werden kann. Doch bevor es so weit ist, sollten Sie folgenden Scherheitshinweis beachten:

ACHTUNG: MÖGLICHES SICHERHEITSPROBLEM

Hängt der LAN/WLAN-Router ständig im Internet und ist der eigene lokale Anschluss somit ständig über dynamisches DNS erreichbar, sollten Sie die verfügbaren Dienste so weit wie möglich einschränken. Dazu konfigurieren Sie die Firewall-/Porteinstellungen Ihres LAN/WLAN-Routers. Ganz gleich, wie sicher dieser auch konfiguriert ist: Theoretisch, und somit auch praktisch, ist es möglich, dass unbefugte Dritte von außen eine vom Internet steuerbare Steckdose bzw. Schaltung erreichen können. Demzufolge sollten Sie mit solchen Steckdosen ausschließlich Verbraucher verbinden, die bei missbräuchlichem Schalten keinen Schaden anrichten können.

Dieser Sicherheitshinweis gilt natürlich nicht nur für den Zugriff über einen Webbrowser, sondern auch für die Sprachsteuerung. Denn theoretisch ist es denkbar, dass Sie Ihr Smartphone verlieren und der Finder sämtliche Kontakte in Ihrem Telefonbuch anruft. Sind jeweils ein Ein- und Ausschaltbefehl als Adressbuchkontakt hinterlegt, dann könnte der Smartphone-Dieb beispielsweise das Licht per Telefonanruf ein- und ausschalten. Oder Sie verlieren in der Nähe Ihrer Wohnung das Smartphone und das heimische WLAN liegt noch in Reichweite – wenngleich bei diesem Szenario eher anzunehmen ist, dass ein Dieb das Weite sucht und nicht in Ihrem WLAN herumstöbert. Mehr Sicherheit haben Sie, wenn Sie den Zugriff auf das Smartphone per PIN-Code oder Fingerscanner bzw. Touch-ID absichern. Hat Siri mit der Zeit fleißig dazugelernt, führen sogar komplizierte Sprachbefehle zum Erfolg, wie etwa der Befehl zum Eintrag eines Kalendertermins mit diversen Kontakten aus dem Adressbuch inklusive der telefonischen Benachrichtigung. Diesen Kniff machen Sie sich bei der Steuerung von Heimkomponenten zunutze, nur dass Siri eben keine Telefonnummer wählt, sondern zu einer HTTP-Adresse in Ihrem Heimnetz Kontakt aufnimmt.

2.9.3 iPhone: Kontakt für ein Gerät erstellen und konfigurieren

Um eine Steckdose per Adressbuchkontakt zu schalten, benötigen Sie zusätzlich zu den beiden Kontakten auch zwei Kommandos, nämlich den Ein- bzw. den Ausschaltbefehl, den Sie jeweils zuordnen können. In diesem Fall ist der Wohnzimmerfluter mit der Rutenbeck-Funksteckdose TC IP 1 WLAN per Hintertür über die IP-Adresse

```
http://192.168.123.203/leds.cgi?led=1&value=Einschalten
```

erreichbar. Die Beispiel-IP-Adresse `192.168.123.203` ersetzen Sie durch die individuelle IP-Adresse in Ihrem Heimnetz. Haben Sie beispielsweise eine Rutenbeck-Steckdosenlösung im Einsatz, nutzen Sie die URL, die Sie für den Zugriff in der Webserver-Konfiguration festgelegt haben. Erstellen Sie einen neuen Kontakt – in diesem Beispiel mit dem Namen `Wohnzimmerlicht Ein` bzw. `Wohnzimmerlicht Aus`. Für den Kontakt `Wohnzimmerlicht Ein` wird obige URL verwendet, für den Kontakt `Wohnzimmerlicht Aus` nutzen wir im Heimnetz:

```
http://192.168.123.204/leds.cgi?led=1&value=Ausschalten
```

Für den Vornamen nutzen Sie also `Wohnzimmerlicht`, für den Nachnamen `Ein` bzw. beim zweiten Kontakt `Aus`. Selbstverständlich brauchen Sie den URL-Kontakt nicht über die Bildschirmtastatur einzutippen. Schicken Sie ihn sich einfach selbst per Mail zu, markieren Sie ihn auf dem iPhone, kopieren Sie ihn in die Zwischenablage und fügen Sie ihn per Touch im Kontaktfeld `Homepage` ein.

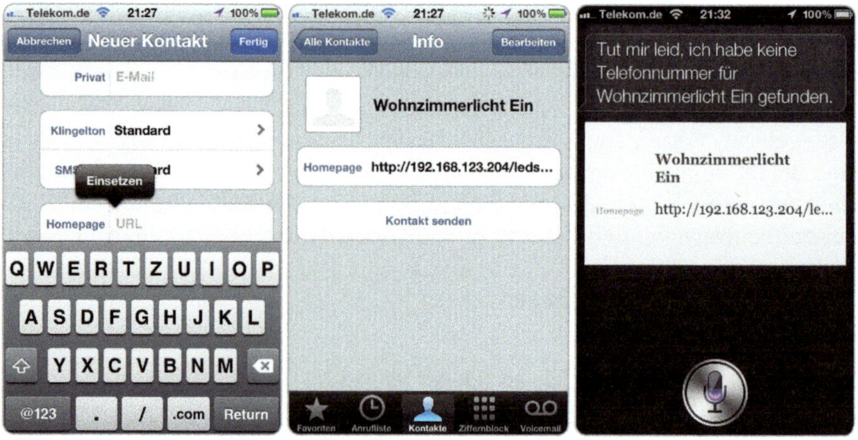

Nach dem Anlegen des Kontakts testen Sie Siri. Sprechen Sie bei aktiver Spracherkennung in diesem Beispiel `Wohnzimmerlicht Ein`, wird der Kontakt geöffnet. Einen Touch weiter wird die entsprechende URL geöffnet, und das Licht geht an.

Wie beschrieben, gehen Sie beim Ausschalt-Adressbuchkontakt analog vor. Testen Sie auch diesen Kontakt. Mit einem etwas längeren Druck auf die Home-Taste des iPhones wird Siri aktiv. Sprechen Sie nun: `Wohnzimmerlicht Aus` – in diesem Fall muss der Kontakt der hinterlegten Ausschalt-URL geöffnet werden. Nach der Bestätigung per Touch auf den Link schaltet sich das Wohnzimmerlicht wieder aus. Um diese Schaltlösung auch über das Internet verfügbar zu machen, brauchen Sie nur die entsprechenden URLs für den Ein- und Ausschaltvorgang durch jene Adressen samt Port zu ersetzen, über die das Gerät erreichbar ist.

2.9.4 Homekit: Strippenzieher im Hintergrund

Wem die Eigenbaulösung mit dem Umweg über den Adressbuchkontakt zu kompliziert ist, der kann seit Veröffentlichung der Version iOS 8.1 mit den kompatiblen Geräten, ähnlich wie die vorgestellte Schaltlösung der Adressbuchkontakt-Lampen, direkt Siri nutzen. Voraussetzung dafür ist die aktuelle Homekit-Unterstützung, die eigene und kompatible Hardware voraussetzt.

Derzeit ist die Liste der Heimelektronik, die mit Apple HomeKit kompatibel und daher mit dem Aufdruck `Works with Apple HomeKit` gekennzeichnet ist, noch recht übersichtlich.

Zudem benötigen Sie ein oder mehrere mit HomeKit kompatible elektrische Geräte[2] – wie beispielsweise das Hue-Beleuchtungssystem, das Elgato-Sensormodul, einen Thermostat oder ein Smart Plug. Jedes HomeKit-fähige Device verfügt über eine eindeutige ID, den HomeKit-Einrichtungscode. Meistens ist die ID auf dem Gerät bzw. auf dem Geräteaufkleber aufgebracht sowie auf der Verpackung oder der Einrichtungsanleitung zu finden. Auch wenn Sie das Gerät umgehend in Betrieb nehmen, kann es nicht schaden, den HomeKit-Code zu fotografieren und an einem sicheren Platz aufzubewahren – er wird immer dann gebraucht, wenn Sie das Gerät einer Homekit-Installation hinzufügen wollen.

Siri in Hue-App aktivieren

Für den, der bereits eine »alte« Hue-Basisstation im Betrieb hat, hat Philips nicht nur einen finanziellen Anreiz in Form einer Gutschrift geschaffen, es findet sich in der aktuellen Version der offiziellen Hue-App auch ein Assistent, mit dem Sie die Einstellungen der alten Basisstation in das neue Modell exportieren können. Alternativ können Sie die Lampen wie gewohnt neu anlernen. Falls Sie neu in das Thema Smart Home und Beleuchtung mit Philips Hue einsteigen, brauchen Sie sich mit dem Übertragen alter Einstellungen gar nicht zu beschäftigen. Wie auch immer – im nachfolgendem Abschnitt wird davon ausgegangen, dass die Homekit-kompatible Hue-Basisstation ordnungsgemäß installiert, im Heimnetz erreichbar und mit einer oder mehreren Lampen gekoppelt ist. Für den Homekit-Betrieb – und somit den Einsatz mit der Sprachassistentin Siri – muss das iOS-Gerät zudem mit einer iOS-Betriebsystemversion iOS 8.1 oder aktueller ausgestattet sein. In diesem Projekt kommt ein iPhone 6 Plus mit iOS 9.02 zum Einsatz, die Hue-App wird in der Version 1.10.1 genutzt.

---

2 *https://support.apple.com/de-de/HT204903*: Nicht ganz aktuell – Philips hat beispielsweise das bewährte Hue-System einer Überarbeitung unterzogen. Anstelle einer runden Basisstation wird seit Oktober 2015 eine Homekit-kompatible, quadratische Hue-2-Steuereinheit verwendet.

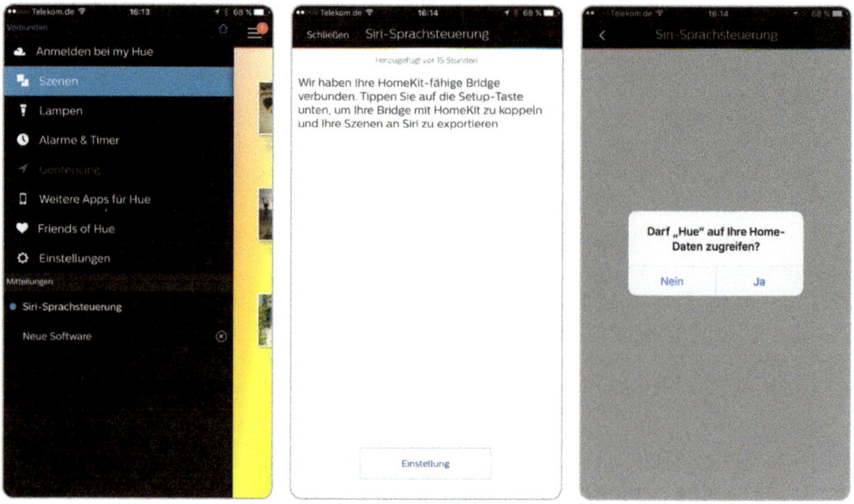

Nach dem Start der App erreichen Sie über `Einstellungen` und `Siri-Sprachsteuerung` den Einrichtungsdialog für die Homekit-Kopplung.

Bis sich iOS und Homekit erfolgreich mit der Hue-Anfrage für den Siri-Einsatz auseinandersetzen, kann es etwas dauern. Meist liegt das daran, dass die in der Regel aktivierte iCloud-Konfiguration Ärger macht. In unserem Fall war es nötig, das iPhone mit der iCloud zu entkoppeln und erneut mit der Hue-App zu starten.

iCloud für die Hue-Integration in Homekit anpassen

In diesem konkreten Fall weist die Hue-App selbst auf die Lösung hin: Sie vermisst den aktivierten Schlüsselbund in den iCloud-Einstellungen. Wer bisher die iCloud nicht im Einsatz hatte, kommt also im Homekit-Einsatz nicht mehr daran vorbei. Dies gilt auch für den Schlüsselbund, in dem neben den sensiblen Website-Zugangsdaten nun auch die Authentifizierungsparameter für Homekit untergebracht wurden.

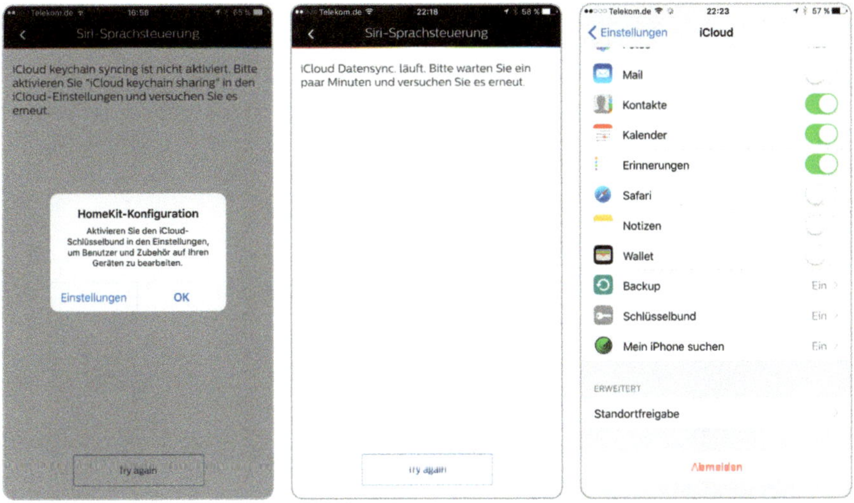

Etwas tricky ist die Einrichtung von Homekit. Voraussetzung ist der eingerichtete und aktivierte Schlüsselbund innerhalb der iCloud-Einstellungen.

Wählen Sie `Abmelden`, danach `Vom iPhone löschen` und geben Sie anschließend zur Authentifierung das iCloud-Kennwort ein, um die Konfiguration auf dem iPhone zu säubern. Ist die iCloud bereit für die Hue-App bzw. das Homekit, wechseln Sie von den allgemeinen Einstellungen wieder in die App zurück.

Siri am Schalten – ein und aus, hell und dunkel

Anschließend starten Sie die Hue-App und beginnen erneut mit der Einrichtung der Siri-Sprachsteuerung. Ist die Philips-Bridge mit den Lampen gepairt, sind ihre Namen später genau so in der Homekit-Datenbank eingetragen und werden 1:1 von Siri verwendet. In der Hue-App können Sie die gewünschten Szenen erstellen und konfigurieren, indem Sie den jeweiligen Szenen die gewünschten Lampen zuordnen.

Die Lampennamen können innerhalb der App auf Wunsch angepasst werden. Es ist empfehlenswert, sprechende Namen zu verwenden, falls mehrere Lampen ähnlicher Bauart zum Einsatz kommen. Dies erleichtert das Auffinden und Zuordnen der Lampen bei späteren Konfigurationsarbeiten und beim Erstellen der Szenen und Aktionen enorm.

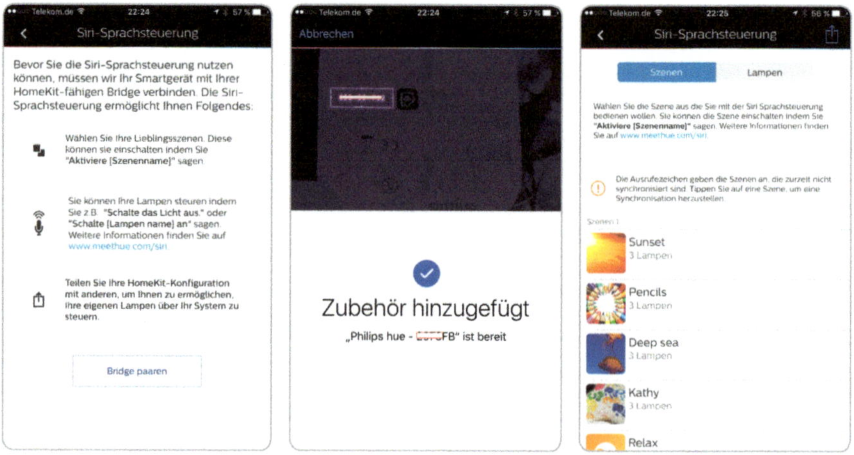

Die bereits mitgelieferten Szenen der Hue-App sind für den Start völlig ausreichend und können nachträglich auf Wunsch angepasst werden.

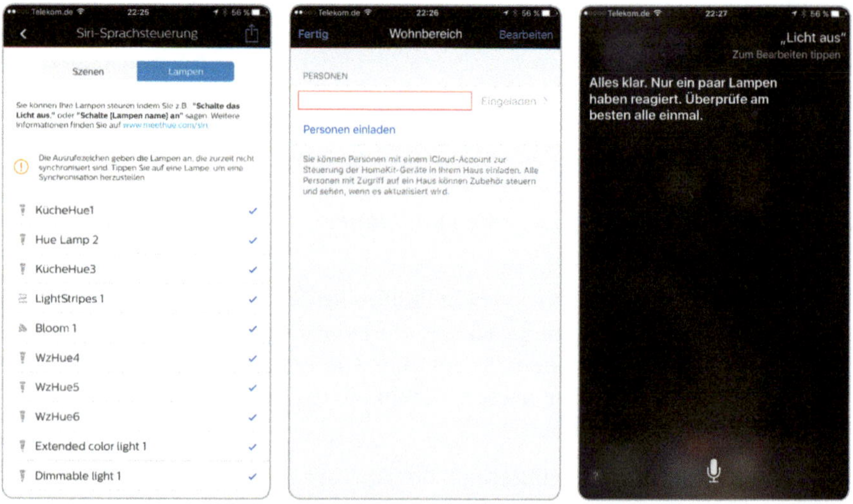

Siri am Schalten: Sämtliche Lampen sind nun über Siri steuerbar, eine genauere Zuordnung der Lampen zu Räumen, Stockwerken usw. ist allerdings nicht möglich. Ein möglicher Ausweg wäre eine Zuordnung der Lampen in Szenen, die dem Aufstellort bzw. den Räumen entsprechen.

Ein klares Manko der Hue-App ist die etwas stiefmütterlich behandelte Konfigurationsmöglichkeit von Homekit: Geht es nach Philips, befinden sich alle Lampen in einem Raum und lassen sich mithilfe der Szenen unterscheiden. Wesentlich praktikabler und komfortabler in der Steuerung aber wäre es, wenn Anweisungen wie »Schalte das Licht im Wohnzimmer aus« möglich wären. Da Homekit in gewissen Bereichen in der Apple-Welt eine offene Datenbank ist, können Sie diese Einträge mit anderen Apps manipulieren.

Homekit mit Elgato Eve konfigurieren

Homekit zeichnet zwar für Homekit verantwortlich, doch ein Werkzeug oder einen Einstellungsdialog für die Konfiguration des Smart Homes sucht man auf dem Smartphone vergeblich. Dafür benötigen Sie eine oder mehrere Apps der Gerätehersteller – umso besser, dass sich diese Lösungen derzeit nicht nur auf die Produkte aus dem eigenen Werk beschränken. Von Anfang an war Elgato ganz vorne mit dabei, Homekit in seiner Eve-Produktpalette zu verankern. Derzeit sind Tür- und Fenstersensoren, Steckdosen sowie Klimasensoren für den Innen- und Außenbereich erhältlich. Dazu passend ist in Apples App-Store die Anwendung `Elgato Eve` kostenlos erhältlich. Ist sie auf dem iOS-Device installiert, starten Sie mit dem maßgeschneiderten Einrichten der Homekit-Umgebung für Ihr Eigenheim.

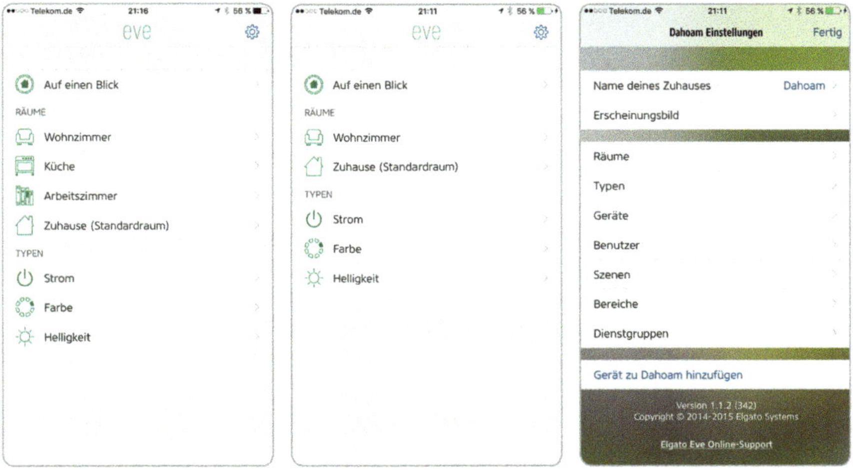

Die App **`Elgato Eve`** ist im Homekit-Einsatz sehr hilfreich, und zwar auch, wenn Sie keine Elgato-Geräte verwenden, da Sie damit im Gegensatz zur Hue-App die Homekit-Konfiguration auf Wunsch ändern und anzeigen lassen können.

Wer beispielsweise mehrere Hue-Lampen in seinem Haushalt sein Eigen nennt, kann einzelne Lampen endlich den entsprechenden Räumen zuordnen. Außerdem ist die Bezeichung des Eigenheims `Zuhause` anpassbar. Im ersten Schritt legen Sie die gewünschten Räume an. Wählen Sie zunächst die hübschen Icons aus, die Beschriftung lässt sich hinterher bequem ändern. Beachten Sie, dass später in der Raumübersicht nur Räume angezeigt werden, denen auch Lampen oder andere Geräte, wie beispielsweise Sensoren und Temperaturfühler usw., zugeordnet wurden.

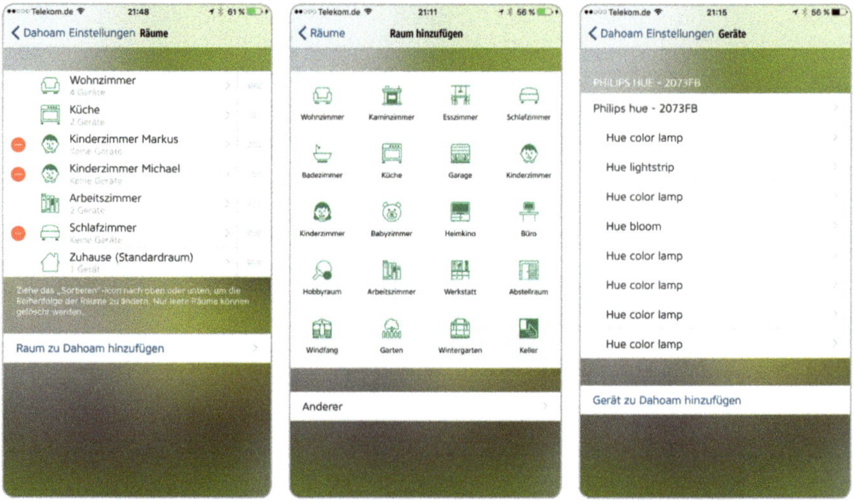

Welche bzw. wie viele Geräte einem Raum zugeordnet sind, ist auf dem Übersichtsdialog erkennbar. Neue Räume fügen Sie einfach per Dialog hinzu, um schließlich die gewünschten Lampen zuzuweisen.

Sind die gewünschten Räume angelegt, können die angeschlossenen Geräte – hier Lampen – den Räumen zugewiesen werden. Zusätzlich können auch sogenannte Aktionen definiert werden: Kommen Sie beispielsweise nach einem langen Arbeitstag nach Hause, dann reicht die Siri-Anweisung »Ich bin zu Hause«, um das Wohnzimmer mit den gekoppelten Lampen zu erhellen. Ist ein Homekit-kompatibles Heizungsthermostat gekoppelt, wird automatisch die Wunschtemperatur eingestellt.

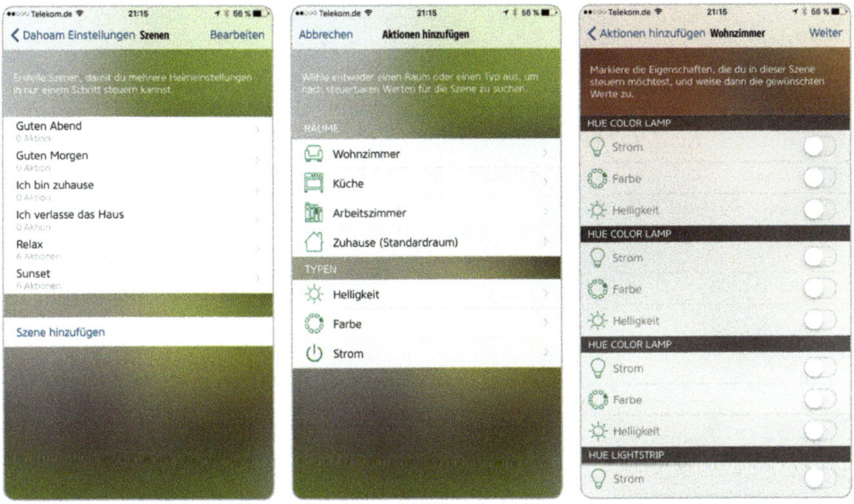

Einmalig notwendige Kleinarbeiten: Den gewünschten Szenen lassen sich die jeweiligen Räume, Geräte und Aktionen - wie beispielsweise bei den Lampen die Farbe und Helligkeit - punktgenau zuordnen.

Nach Abschluss der Konfiguration und der Festlegung der Szenen sorgt die App für die Eintragung der Konfiguration in die Homekit-Datenbank, sodass diese Einstellungen umgehend für sämtliche Apps und für Siri zur Verfügung stehen. Hört Siri wie beim iPhone 6S mit (»Hey, Siri«), reicht danach eine detaillierte Anweisung wie beispielsweise »Ich verlasse das Haus« oder »Wohnzimmer Licht an« aus.

Sind die Geräte in einem Bereich beispielsweise unter dem Namen `Zuhause` zusammengefasst, bleibt die Steuerung der Geräte nicht nur auf das Smartphone beschränkt, mit dem die Einrichtung erfolgte, sondern Sie können auch Familienmitglieder oder andere Personen einladen, sich die Steuerung ihrer Geräte – auch remote – mit Ihnen zu teilen. Der Remote-Zugriff auf die Geräte zu Hause lässt sich direkt auf dem Smartphone über `Einstellungen` → `Homekit` → `Zuhause` einrichten, indem Sie dort den Schiebeschalter auf `Entfernten Zugriff erlauben` stellen. Um die Steuerung der Heimelektronik für andere Personen freizugeben, wählen Sie in diesem Dialog `Personen einladen`. Diese Personen benötigen einen eigenen iCloud-Zugang.

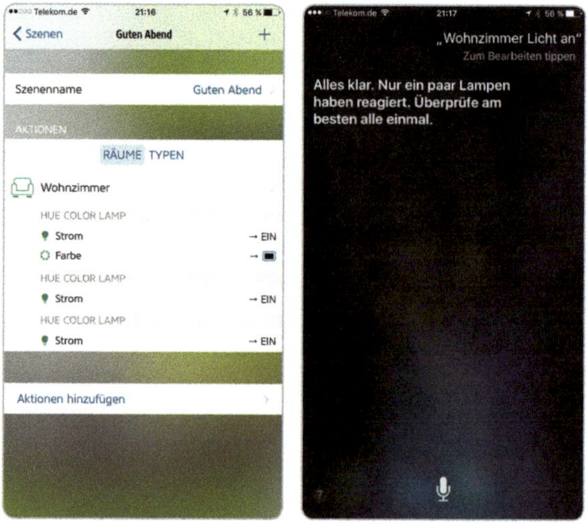

Erfolgreiche Homekit-Konfiguration: Nach dem Drücken der Hometaste sprechen Sie den gewünschten Schaltbefehl oder den Namen der vordefinierten Szene in das Mikrofon. Homekit kümmert sich dann automatisch um den Schaltvorgang für die Hue-App.

Derjenige, der die Einladungen versendet, ist automatisch auch der Administrator der Homekit-Konfiguration, und die eingeladenen Personen werden in Homekit als `gemeinsame Benutzer` geführt. Bequem und spaßig ist die Steuerung mit Siri – doch nicht immer hat man das Smartphone zur Hand. Ignoriert man das Thema Datensicherheit und Big-Brother-Ängste, wäre der Einsatz von Siri z. B. für die Bedienung eines Apple TV im Wohnzimmer ideal, denn Siri könnte ständig auf die akustischen Kommandos lauschen.

Der Nachteil der Homekit-Lösung liegt darin, dass sich die Steuerung derzeit vorwiegend auf iPhones und iPads mit iOS 8.1 und neuer beschränkt. Darüber hinaus ist eine Anwesentheit vor Ort notwendig – vom Apple TV einmal abgesehen. So lassen sich beispielsweise die Elgato-Geräte über den Bluetooth-Stack steuern, die Philips-Hue-Lösung kommuniziert über WLAN mit dem Smartphone und dieses wiederum über Zwave mit den gekoppelten Geräten. Das Drücken der Hometaste entspricht dem Drücken einer Taste bzw. eines Schalters, um beispielsweise das Licht einzuschalten, d. h., die Sprachsteuerung ist derzeit noch eher ein nettes Gimmick. Wer also bereits von unterwegs über das Internet etwaige Schaltvorgänge tätigen will oder den einen oder anderen Status vorhandener Geräte erfahren möchte, der nutzt die neue Apple-TV-Box mit Siri-Unterstützung oder muss nach wie vor auf eigene Lösungen zurückgreifen. Eine Eier legende Wollmilchsau ist Homekit derzeit noch nicht.

2.10 HUE-ALTERNATIVE AUS CHINA: WLAN-LAMPEN FÜR JEDERMANN

Neben der Philips-Hue sind in Sachen WLAN/LED-Lampen nur noch Modelle aus Fernost erhältlich, die vermutlich alle aus demselben Werk kommen, aber je nach Verkaufsort mit anderen Aufklebern versehen und zusammengestellt wurden. Bemüht man eine Suchmaschine, findet sich ein und dasselbe Lampenmodell unter den Bezeichnungen LimitlessLED, EasyBulb, AppLight, AppLamp, MiLight, LEDme, dekolight oder iLight. Unterschieden wird lediglich zwischen der farbigen RGB-LED und der einfarbigen, weißen LED. Der oftmals beiliegende WLAN-Controller kommt wie eine optionale Fernbedienung mit allen Lampentypen zurecht, und beide Steuereinheiten müssen zuvor mit den eingesetzten Lampen gepairt werden. Die LED-Lampen werden im sogenannten E27-Sockel geliefert und sind mit 15 RGB-LEDs ausgestattet, die annähernd die Leuchtkraft einer herkömmlichen 45-Watt-Glühbirne erzeugen können. Der Verbrauch ist mit 7,5 Watt bei einer Lebensdauer von bis zu 50.000 Stunden angegeben.

»Kann alles und noch mehr.«: Vollmundiges Versprechen auf den Seiten der Zwischen- und Einzelhändler, die die China-Birnen im Sortiment haben.

Nachteilig im Vergleich zum großen Hue-Original ist, dass die Lampen nicht einzeln gesteuert werden können. Für diese Funktion benötigen Sie derzeit einen weiteren Wifi-Controller, der wiederum seine eigene IP-Adresse und -Konfiguration im Heimnetz benötigt. Um beispielsweise drei Lampen unabhängig voneinander schalten zu können, benötigen Sie also drei Wifi-Controller. Rechnen Sie die Mehrkosten für die zusätzlichen Wifi-Controller hinzu, dann sind Sie schnell wieder im Bereich des Starter-Pakets der Philips-Hue, das ab Werk mit drei LED-Lampen geliefert wird. So relativieren sich Werbeaussagen wie die in der Abbildung oben recht schnell. Doch wer einzelne Lampen für einen speziellen Zweck, also beispielsweise für eine Alarm- oder Weckfunktionen oder zum Koppeln an den Raspberry Pi für die Hausautomation, nutzen möchte, wird sich über die breite Programmier- und Betriebssystemunterstützung der WLAN-Lampen freuen. Die Inbetriebnahme der LED-Lampen und der Wifi-Bridge ist in kurzer Zeit erledigt.

2.10.1 Ersteinrichtung von WLAN-Lampen und der WiFi-Bridge

Bevor Sie die Ersteinrichtung über den Computer bzw. den Raspberry Pi vornehmen, sollten Sie das WLAN-Lampenpaket in Betrieb nehmen. Abhängig davon, mit welchen und wie vielen Komponenten zusammengeschaltet werden soll, dauert die Grundinstallation etwas. In Onlinekaufhäusern und bei Einzelhändlern findet sich neben der WLAN-Bridge zum Koppeln der WLAN-Lampen auch eine Fernbedienung, die unabhängig von der WLAN-Bridge die verbundenen WLAN-Lampen schalten kann. Haben Sie mehrere WLAN-Lampen gekauft, werden Sie sich schnell wundern, dass sich mit einer Fernbedienung nur eine WLAN-Lampe bzw. eine Gruppe von WLAN-Lampen gleichzeitig schalten lässt. Die Einzelauswahl einer Lampe ist nicht möglich. Wer beispielsweise zwei Lampen unabhängig voneinander mit einer Fernbedienung (oder WLAN-Bridge) schalten möchte, benötigt für jede weitere Lampe eine zusätzliche Fernbedienung. Das ist erst einmal ernüchternd. So lässt sich ein Lampenset mit drei LED-Birnen, einer Fernbedienung und einer Wifi-Bridge beispielsweise so einrichten, dass zwei LED-Lampen gleichzeitig mit der Fernbedienung und die übrige LED-Lampe per WiFi-Bridge über das WLAN gesteuert werden kann. Das Pairing der WLAN-Lampen mit der Fernbedienung ist innerhalb weniger Minuten erledigt: Ist die Fernbedienung mit

Akkus oder Batterien bestückt und die LED-Birne in die E27-Lampenfassung gedreht, schalten Sie zunächst den Wandschalter aus. Anschließend nehmen Sie die Fernbedienung zur Hand, schalten per Wandschalter die LED-Birne ein und drücken innerhalb der nächsten 2 bis 3 Sekunden auf den definierten Link-Schalter der Fernbedienung. In diesem Beispiel war dies die Taste `S+`. Je nach Modell kann es jedoch eine andere sein, das ist in der Bedienungsanleitung des Lampensets festgehalten. Die Ersteinrichtung des WLAN-Moduls, der sogenannten Wifi-Bridge, ist etwas umständlicher, aber kein Hexenwerk, und kann prinzipiell auch mit einem Smartphone oder Tablet geschehen. Das ist gerade dann zu empfehlen, wenn Sie in Ihrem Heimnetz einen anderen IP-Nummernkreis als `192.168.1.X` verwenden, der im vorliegendem Wifi-Paket als Standard-IP-Zuordnung definiert ist. Ist das WLAN-Modul mit dem vorhandenen USB-Kabel an einem 5-V-Netzgerät verbunden – ein Handyladekabel mit einem Mini-USB-Stecker tut es auch –, dann nehmen Sie mit einem WLAN-fähigen Gerät wie einem Notebook, Smartphone, Tablet oder dergleichen Kontakt auf. Die Wifi-Bridge hat einen eigenen SSID-Namen, der je nach Hersteller unterschiedlich sein kann. In diesem Beispiel lautet er `wifi_socket`. Die WLAN-Verbindung ist schnell aufgebaut, ein Kennwort für die Verbindung war in diesem Fall nicht gesetzt – für die Anmeldung bei der Benutzeroberfläche ist der Benutzer `admin` mit dem Kennwort `000000` (manchmal auch admin) voreingestellt. Diese Angaben sind auch auf dem Gehäuseaufkleber der WLAN-Bridge zu finden. Falls diese eines Tages über den kleinen Reset-Schalter auf die Werkseinstellungen zurückgesetzt werden muss, sind diese Angaben sofort zur Hand. Nach dem Login auf der Konfigurationsseite ist in diesem Fall die Umkonfiguration der WLAN-Parameter und der IP-Adresse nötig, damit auch andere WLAN-Geräte im Heimnetz auf die WLAN-Bridge zugreifen können. Dafür wird zunächst der Betriebsmodus der WLAN-Bridge auf die Einstellung Sta umgestellt und die SSID angepasst. Dort tragen Sie die SSID ein, die Sie für Ihr heimisches WLAN verwenden, und wählen anschließend unter `Encryption` die zur Verfügung gestellte Verschlüsselung Ihres WLAN-Routers aus (meist WPA2-PSK). Im Feld `Encryption Key` ist das für die Verbindung notwendige Kennwort einzutragen. Beachten Sie, dass weder im Feld `SSID` noch im Feld `Encryption Key`-Sonderzeichen akzeptiert werden. Hier müssen Sie die entsprechenden Einträge im WLAN-Router und anderen gekoppelten Geräten ggf. anpassen und neu einrichten.

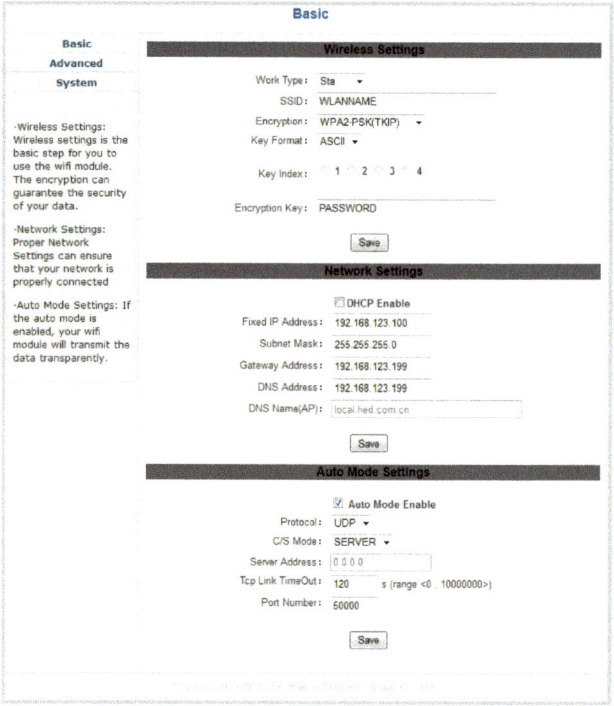

Erst nachdem das Feld **Key Format** auf ASCII umgestellt wurde, kann in der Box Encryption Key das zur Verbindung notwendige WLAN-Kennwort des heimischen WLAN-Routers eingetragen werden.

Im nächsten Schritt passen Sie die IP-Netzwerkeinstellungen an die heimische Netzwerkumgebung an. In diesem Fall wurde das Häkchen bei `DHCP Enable` entfernt und eine statische Adresse für das vorliegende Heimnetz (hier: `Fixed IP Address: 192.168.1.100`, `Subnet Mask: 255.255.255.0`, `Gateway Address: 192.168.1.254`) in `Fixed IP Address: 192.168.123.100`, `Subnet Mask: 255.255.255.0`, `Gateway Address: 192.168.123.199` geändert. In diesem Beispiel dient der WLAN-Router nicht nur als Gateway, sondern auch als DNS-Server, sodass Sie im Feld `DNS Address` die IP-Adresse des Gateways (hier: `192.168.123.199`) eintragen. Die Portnummer lautet bei den China-WLAN-Lampencontrollern meist standardmäßig `50000`, bei Modellen der Wifi-Bridge ist seit November 2013 der Standardport `8899` eingetragen. Die Portnummer (`50000`) wurde unverändert gelassen. Beachten Sie dies bei den nachfolgenden Skripten und Programmen, die eine Angabe der Portnummern erforderlich machen. Nach dem Klick auf Speichern (`Save`) starten Sie die

WLAN-Bridge neu, damit die vorgenommenen Änderungen aktiv werden. Haben Sie sich »verkonfiguriert« und ist die Wifi-Bridge nicht mehr erreichbar, dann hilft eine Nadel oder Büroklammer, um den kleinen Resetknopf neben der USB-Buchse zu drücken, damit Sie von vorn starten können.

2.10.2 Wifi-Lampen mit dem Smartphone steuern

Wie bei der Hue von Philips steht bei der China-Kopie im Apple-Store eine kostenlose iOS-App zur Verfügung. Je nach Hersteller und Modell finden sich unter Umständen weitere Apps für die Steuerung der WLAN-Lampen, die sich dank des einheitlichen UDP-Protokolls zwar technisch nicht unterscheiden, jedoch in Sachen Design und Steuerung abweichend sein können. Die zur Verfügung stehende App `Wifi Controller 2` für das vorliegende Lampenpaket ist schnell gefunden und installiert. In den Beschreibungen fällt jedoch zunächst gar nicht auf, dass die vorliegende App (noch) keine iOS 7-Unterstützung mitbringt. Unter iOS 8 und iOS 9 funktioniert die App wie vorgesehen.

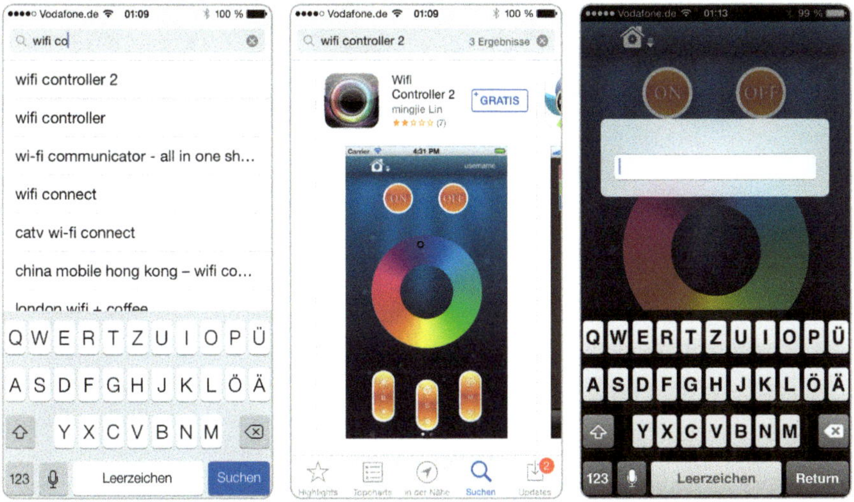

Fehlstart unter iOS 7: Die App Wifi Controller 2 lässt sich zwar laden und installieren, aber die IP-Adresse der Wifi-Bridge lässt sich nicht eintragen und speichern. Dieser Bug ist mittlerweile behoben.

Beim Einsatz der App unter iOS 8 und iOS 9 lässt sich der `Wifi Controller 2` installieren und konfigurieren. Nach dem Start der App erscheint das Konfigurationsfenster, in dem Sie den Namen bzw. den Raum der zu steuernden WLAN-Lampe(n), die IP-Adresse der oben konfigurierten Wifi-Bridge in Ihrem Heimnetz sowie den verwendeten Port angeben. Per Tap auf die `Add`-Schaltfläche fügen Sie den Wifi-Controller der App hinzu.

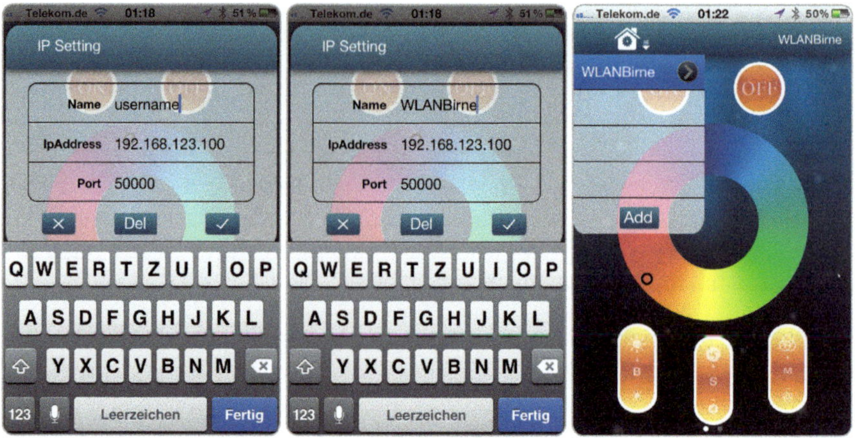

Nach der Einrichtung des Wifi-Controllers muss die LED-Birne mit dem Smartphone gekoppelt werden.

Nach der Installation und Konfiguration des Wifi-Controllers erfolgt das Koppeln mit den gewünschten LED-Lampen analog zum Pairing mit der Fernbedienung. Schalten Sie das Licht über den Schalter der Stromversorgung aus, schalten Sie es wieder ein und drücken Sie unmittelbar danach den Pairing-Knopf (hier `S+`) der App und halten Sie ihn etwa 2 bis 3 Sekunden gedrückt, bis die WLAN-Lampe mit einem Blinken das erfolgreiche Pairing bestätigt. Bei mehreren Lampen gehen Sie mit jeder einzelnen analog vor.

Settings
Stats
Timer
Cleaning
Duration
Cleaning

3 HAUSHALTSROBOTER IM PRAXISEINSATZ

Immer häufiger kommen auch im Haushalt Roboter zum Einsatz – in der Mehrzahl handelt es sich dabei um Staubsaugerroboter. Die Funktionen herkömmlicher Staubsauger haben die Hersteller längst auf ihre kleinen, flinken Geräte übertragen. Zwar bieten Staubsaugerroboter eine Menge Komfort und Zeitersparnis, doch ein traditioneller Handstaubsauger ist für manche Zwecke noch immer das Mittel der Wahl – beispielsweise wenn es darum geht, Krümel auf dem Sofa, Schmutz im Auto oder Staub vom Fensterbrett zu entfernen. Für gewöhnliche Bodenflächen zu Hause ist ein Staubsaugerroboter mehr als nur ein geekiges Spielzeug und eine fleißige Haushaltshilfe: Ganz gleich, ob unter dem Sofa oder dem Bett, in den Tiefen der Abstellkammer oder in den Ecken des Schlafzimmers, wo sich bis dato die Wollmäuse versteckt hielten: Überall wird nun turnusgemäß gesaugt. Die Investition sorgt schnell für einen höheren Wohlfühlfaktor, wenn weniger Hausstaub und Schmutz zu Hause zu finden sind.

Der Staubsaugerroboter Neato Botvac Connected fährt selbstständig einen festgelegten Bereich ab. Wer hingegen selbst die Richtung, den Ort und die Häufigkeit festlegen möchte, der nutzt einfach eine App. (Quelle: Neato)

Neato hat mit dem Neato Botvac Connected einen Saugroboter auf dem Markt, der sich mittels Smartphone-App steuern lässt – auch von unterwegs. Doch die Konkurrenz schläft nicht. Der hiesige Platzhirsch Vorwerk wird ebenso nachziehen, wie Dyson es bereits getan hat: 2014 hat Dyson auf der IFA in Berlin den Dyson 360 Eye vorgestellt, der ebenfalls per Smartphone App ferngesteuert werden kann.

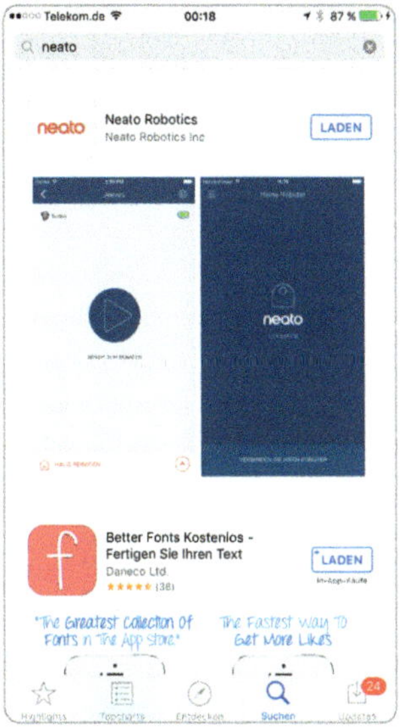

Die passende Fernbedienungs-App für den Neato Bovac Wifi ist bereits in den entsprechenden App-Stores erhältlich.

Wer schon Besitzer eines Staubsaugerroboters – ohne vorgebauter Bluetooth-Schnittstelle – ist, kann das Gerät vermutlich nicht ganz so bequem steuern. Denn mangels verfügbarer Funkverbindung lässt sich der Staubsauger nicht drahtlos mit dem Smartphone koppeln. Kommt beispielsweise ein älteres Neato-Modell mit USB-Schnittstelle zum Einsatz, kann mithilfe eines längeren USB-Kabels (5 Meter Kabelverlängerung samt USB-2.0-Typ-A auf Typ-mini-B-Kabel) ein Android-Smartphone als Steuereinheit verwendet werden.

3.1 MIT USB-KABEL: STAUBSAUGER MIT DEM SMARTPHONE VERHEIRATEN

Die Verbindung des Neato-Staubsaugers mit dem Smartphone hängt in erster Linie davon ab, dass das passende Anschlusskabel verwendet wird. Eventuell benötigen Sie einen Adapter, um den Mini-USB-Abschluss des Neato- bzw. Vorwerk-Staubsaugers mit dem Android-Gerät zu verbinden, das meist über einen Micro-USB-Anschluss verfügt. Ist das Kabel eingesteckt und sind beide Geräte eingeschaltet, starten Sie die Smartphone-App (`https://play.google.com/store/apps/details?id=com.sasgis.azya.NeatoBluetoothRemote`) und tippen auf das Programmsymbol.

Die Android-App bildet virtuell den **START**-Knopf des Neato- bzw. Vorwerk-Staubsaugers ab. Ist der Staubsauger mit dem Smartphone verbunden, reicht ein Tippen auf das Smartphone-Display, um den Reinigungsvorgang zu initiieren.

Doch bevor Sie den Staubsauger mit dem Smartphone nutzen können, müssen Sie ihn im `Einstellungen`-Menü der App über den Eintrag `Connect a device` verbinden und beide Geräte miteinander pairen.

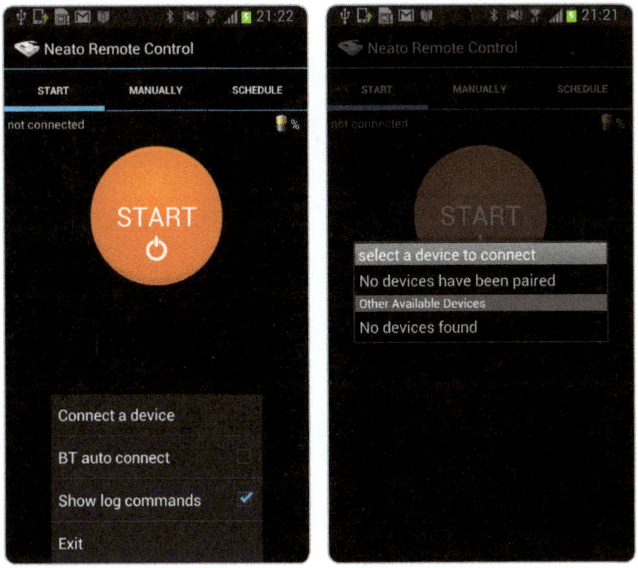

Erst nach dem erfolgreichen Pairen lässt sich der Staubsauger im sogenannten Testmode betreiben.

Im Testmodus liegen die gleichen Funktionen wie im Normalbetrieb vor. Somit kann man sich die Konfiguration und die Zeitplanung anschauen und verschiedene Aktionen antriggern – für das echte Reinigen der Wohnung sind das angeschlossene Kabel und das Smartphone eher ein Hindernis. Für alle, die ohnehin so ein Staubsaugermodell und obendrein eine Android-Gerät im Einsatz haben, ist die beschriebene App ein geekiger Spaß.

4 AN- UND ABWESENHEITS-ERKENNUNG MIT DEM SMARTPHON

Die einfachste Möglichkeit, eine Anwesenheitserkennung zu Hause umzusetzen, ist die altbewährte `ping`-Methode. Das `ping`-Kommando steht auf nahezu jedem Computerbetriebssystem zur Verfügung und ist geradezu ideal, falls Sie einen Computer im Heimnetz in Betrieb haben, der rund um die Uhr verfügbar ist. Aufgrund der Kosten und der Wartbarkeit empfiehlt es sich, auf einen sparsamen Einplatinen-Computer wie den Raspberry Pi zurückzugreifen. Alternativ zur `ping`-Überwachung des Smartphones zu Hause lässt sich je nach Smartphone-Modell auch die Bluetooth-Schnittstelle für die Anwesenheitserkennung verwenden. Diese hat allerdings Bauart-bedingt eine nicht allzu große Reichweite, daher bricht bei dickeren Wänden oder mehreren Räumen im Haus schnell die Verbindung zur Steuerzentrale ab. Zuverlässiger ist die Verwendung einer sogenannten Geofencing-App auf dem Smartphone, die den eingebauten GPS-Sensor verwendet, um den Standort festzustellen. Mithilfe der App legen Sie einen Radius für bestimmte Standorte fest und definieren daraufhin bestimmte Aktionen, die entweder beim Betreten oder beim Verlassen des definierten Bereichs losgetriggert werden. Diese Aktionen sind im Endeffekt nichts anderes als schlichte Seitenaufrufe auf einem Webserver, die wiederum das Starten einer Anwendung auf dem Webserver auslösen können. Es ist also etwas Eigeninitiative nötig, um auf Basis des Smartphone-Standorts bestimmte Aktionen in der Hausautomation auszuführen. Die Anwendungsmöglichkeiten dafür sind jedoch enorm.

4.1 BLUETOOTH UND WLAN - ERKENNUNG MIT TÜCKEN

Nahezu jeder technikaffine Anwender trägt heutzutage ein Smartphone in der Hosentasche. Was liegt also näher, als das Gerät zu Hause als vollautomatische elektronische Eintrittskarte zu verwenden? Schnittstellen wie WLAN, Bluetooth oder gar Bluetooth 4.0 bringt jedes halbwegs ausgestattete Smartphone mit, und genau die lassen sich im Heimnetz von bequem anderen Geräten abfragen und identifizieren. Damit eine Anwesenheitserkennung zu Hause zuverlässig funktioniert – beispielsweise wenn sich ein Smartphone innerhalb der eigenen vier Wände befindet –, kommt es zunächst darauf an, welches Smartphone bzw. welches Betriebssystem zum Einsatz kommt. Es sind einige Testläufe nötig, um eine zuverlässige Erkennung zu erreichen, und auf manche Fehler oder Gegebenheiten muss man erst einmal kommen. So ist es bei den modernen Smartphones mittlerweile die Regel, dass aus Energiespar- und Akkulaufzeit-Gründen die WLAN-Verbindung gekappt wird, wenn sich das Smartphone bzw. sein Display im Standby-Modus befindet. Die Bluetooth-Schnittstelle ist normalerweise in diesem Schlafmodus nicht stillgelegt und kann theoretisch genutzt werden. Bei iOS-Geräten funktioniert dies jedoch nur dann, wenn das Gerät bereits mit einem anderen Bluetooth-Device gepairt worden ist, sodass die Bluetooth-Funktionalität auch eingeschaltet bleibt. Ob beispielsweise ein iPhone bereits mit einem x-beliebigen Bluetooth-Gerät gekoppelt wurde, stellen Sie über `Einstellungen` → `Bluetooth` → `Geräte` fest. Dieses Phänomen kann auch bei Android-Geräten beim Wechsel von Kitkat auf Lollipop auftreten. Auch hier ist der erste Weg zur Fehlerbehebung der `Einstellungen`-Dialog, um die bereits verbundenen Bluetooth-Geräte ggf. zu entkoppeln und neu zu pairen. Dann kommt es zum ersten Test: Nehmen Sie Ihr Smartphone oder ein anderes Bluetooth-fähiges Gerät und aktivieren Sie dort die Bluetooth-Funktion bzw. schalten Sie die Bluetooth-Sichtbarkeit ein. Dies ist bei jedem Gerät etwas unterschiedlich gelöst, in der Regel wird aber die Sichtbarkeit mit dem Einschalten der Bluetooth-Funktion aktiviert. Bei einem Linux-System – beispielsweise dem kostengünstigen Raspberry Pi – nutzen Sie das Kommando

```
hcitool scan
```

um die nähere Umgebung auf verfügbare und offene Bluetooth-Geräte zu prüfen.

```
pi@fhemraspian ~ $ hcitool scan
Scanning ...
        F0:[redacted]:F3        Bubblephone4
pi@fhemraspian ~ $ 
```

Ist die Sichtbarkeit aktiviert, meldet sich das Bluetooth-Gerät umgehend mit seiner eindeutigen Bluetooth-ID sowie dem Gerätenamen zurück.

Wer sich die Bluetooth-Technik genauer anschauen möchte, kann das `l2ping`-Kommando nutzen, um die Erreichbarkeit des Geräts zu prüfen. Verwenden Sie die per `hcitool scan` aufgefundene eindeutige Bluetooth-ID:

```
sudo l2ping -c 1 <BLUETOOTH-MAC-ID>

Ping: F0:12:34:56:78:F3 from 00:34:83:59:12:EB (data size 44) ...
44 bytes from F0:12:34:56:78:F3 id 0 time 10.92ms
1 sent, 1 received, 0% loss
```

Anschließend ist ein Ping-ähnlicher Befehl samt Rückmeldung in der Konsole zu sehen – oder auch nicht, falls das Gerät die Sichtbarkeit automatisch deaktiviert hat. Tatsächlich verhalten sich die Geräte hier unterschiedlich, manche haben eine längere Sichtbarkeitsdauer. In der Regel ist diese aus Akku-Laufzeitgründen jedoch etwas reduziert.

```
pi@fhemraspian ~ $ sudo l2ping -c 1 F0:[illegible]:F3 ⊥
Ping: F0:[illegible]:F3 from 00:[illegible]F:EB (data size 44) ...
0 sent, 0 received, 0% loss
pi@fhemraspian ~ $ █
```

Ähnlich wie der normale `ping`-Befehl arbeitet das Bluetooth-Gegenstück `l2ping`. Beachten Sie, dass es sich im Parameter hier nicht um die Zahl `1`, sondern um ein kleingeschriebenes l handelt.

Das muss aus Sicherheitsgründen wahrlich kein Nachteil sein, denn falls Sie mit dem Smartphone und dem Raspberry Pi gekoppelte Schaltvorgänge vornehmen wollen, benötigen Sie sowieso nur wenige Augenblicke, um sich zu authentifizieren. Damit haben Sie schon mal eine einfache Möglichkeit, per Skript regelmäßig zu prüfen und zu dokumentieren, ob sich das gewünschte Gerät in der näheren Umgebung befindet. Wem solche Eigenbauexperimente und das Schreiben von Skripten suspekt ist, für den gibt es mit der Geofencing-Lösung eine weitere Alternative. Dafür ist eine entsprechende App auf dem Smartphone Grundvoraussetzung.

4.2 WO BIN ICH? – GEOFENCING IN DER HAUSAUTOMATION

Grundsätzlich ist es mithilfe einer Geofencing-App möglich, einen Radius festzulegen und einen bestimmten Bereich digital abzugrenzen. Wird dieser Bereich betreten oder verlassen, registriert dies die App und löst auf Wunsch bestimmte Aktionen aus. In einem Kaufhaus kann dies ein automatisches Einblenden von Werbung sein, eine persönliche Begrüßung in einer Lokalität und vieles mehr. Die Verarbeitung der Informationen erfolgt direkt auf dem Smartphone. Die Geofencing-App teilt zwar mit, dass sich das Smartphone innerhalb des festgelegten Radius' befindet, doch die genaue Geräteposition bleibt verborgen.

4.2.1 Geofency und Geofancy im Einsatz

Allgemein bringen aktuelle Smartphones die nötige Technik mit, um mit einer passenden App die Lokalisierung des Standortes permanent zu dokumentieren. Diese Technik ist bereits von Google und Apple mit Apps wie `Find your friends` oder `Wo sind meine Freunde?` auf Millionen von Smartphones im Einsatz. Eine Geofencing-App und individuelle Konfiguration kann man auch dazu verwenden, das eigene Zuhause zu überwachen und beispielsweise zu dokumentieren, welches Familienmitglied wann nach Hause kommt.

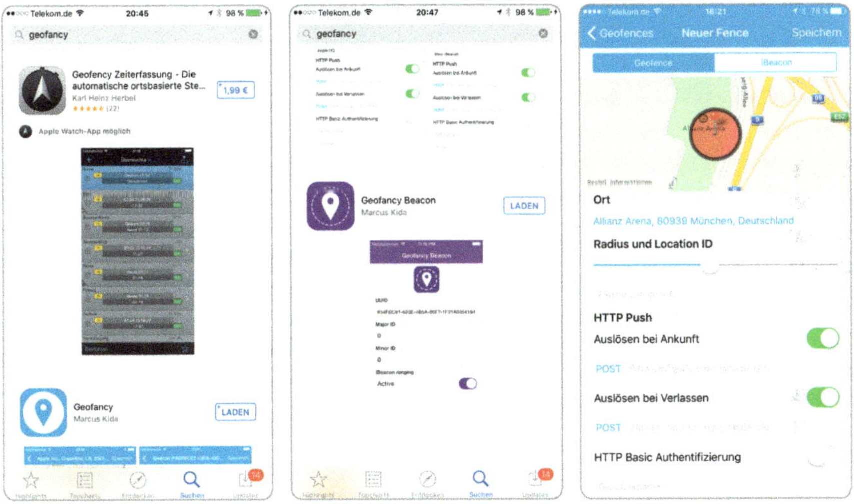

Geofency und Geofancy: Beide Apps erfüllen unter iOS ihren Zweck. Für Smartphones mit Googles Android stehen Apps mit ähnlichen Funktionen wie beispielsweise EgiGeoZone Geofence bereit.

Die Einrichtung und Konfiguration der Geofencing-App ist in wenigen Augenblicken erledigt. Nach Download und Installation lassen sich unterschiedliche Standorte bzw. Positionen definieren. Diese Positionen lassen sich im nächsten Schritt mit Aktionen verbinden. Das wird mittels HTTP-Push-Kommandos realisiert, die wahlweise beim Eintreten und/oder beim Verlassen des Smartphones in den bzw. aus dem definierten Positionsradius anschlagen. Ist hinter der entsprechenden URL ein passendes Skript mit einer gewünschten Aktion hinterlegt, ist das autark gesteuerte Heim keine Utopie mehr – Voraussetzung ist ein funktionierender Netzzugang. Lässt sich beispielsweise der Lichtschalter im Treppenhaus mit einem einfachen `http`-Aufruf im Heimnetz bedienen, tragen Sie als `POST`-Kommando den `http`-Aufruf zum Einschalten ein, der bei der Ankunft am Zielort ausgelöst werden soll.

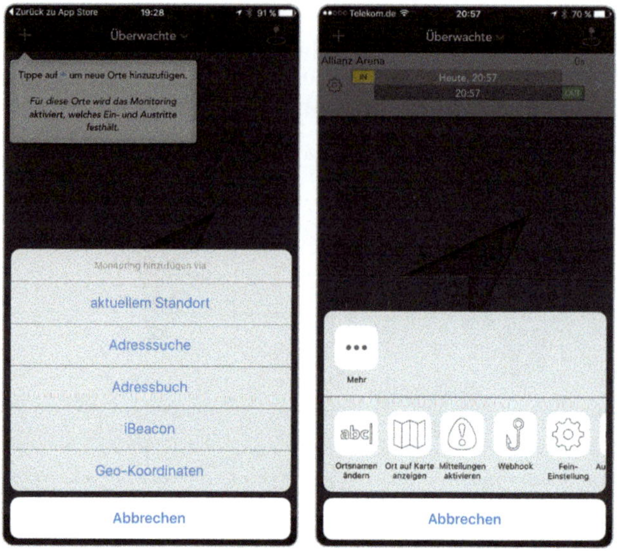

Geofency: Mit dem +-Symbol fügen Sie einen zu überwachenden Bereich hinzu, der sich über den aktuellen Standort, eine bestimmte Adresse oder mithilfe von Geokoordinaten festlegen lässt. Der Radius lässt sich je nach App mit einem Schieberegler genau anpassen.

Die Push-Meldungen lassen sich im `GET/POST`-Format zur Weiterverarbeitung an den gewünschten Webservice übermitteln. Dadurch ist es möglich, zeitgenau mit Eintreffen des Events bestimmte Dinge anzutriggern – und beispielsweise einen Bildschirmhinweis auf dem TV-Bildschirm auszugeben (»Papa kommt gleich nach Hause«) oder über eine Homematic/FS20-Funkschalterlösung das Einfahrts- oder Garagenlicht einzuschalten. Damit nicht jedermann solche URLs einfach abrufen und so Aktionen starten kann, lassen sich diese Webadressen über den Webserver per einfacher HTTP-Authentifizierung absichern. Wer bereits von unterwegs eine Aktion automatisiert und abhängig vom Standort des Smartphones starten möchte, benötigt für die URL eine Adresse, die die dynamische IP-Adresse des Heimnetzes ordnungsgemäß auflöst, wie eingangs im Abschnitt 1.1.2 »Zugriff aus dem Internet? Dynamisches DNS konfigurieren« beschrieben.

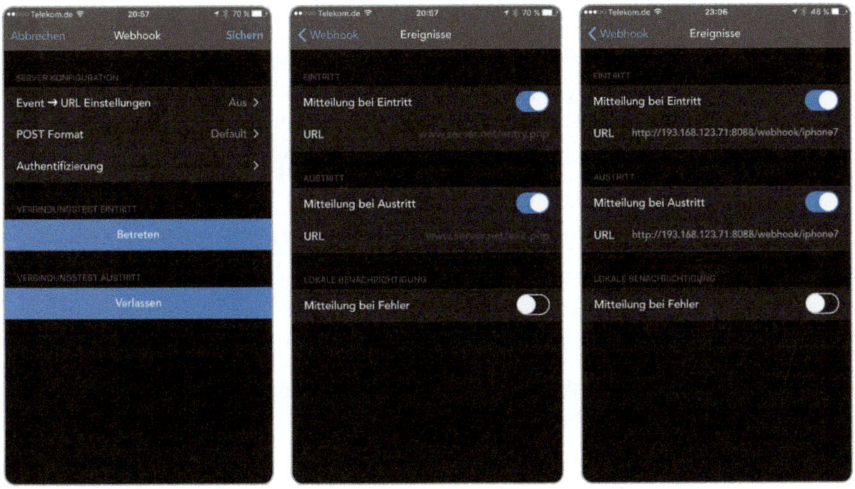

Ist der Zugriff auf diese Adressen beispielsweise nur über eine IP-Adresse im Heimnetz möglich, muss das Smartphone auch über WLAN im Heimnetz eingeloggt sein.

Grundsätzlich sollten Sie wissen, dass die permanente Überwachung des Standorts Marke Eigenbau mittels der Geofence-Technik auf die Akkuleistung des Smartphones Einfluss hat. Je nachdem, wie die Positionsermittlung erfolgt, kann sie mal mehr, mal weniger Saft aus dem Akku ziehen. Allgemein gilt, dass die GPS-Positionsermittlung im Gegensatz zum Cell-ID- oder WLAN/IP-Adressverfahren deutlich ressourcenhungriger ist. Damit die Geofencing-App bzw. die Standortbestimmung des Betriebssystems unterwegs nicht dauernd (die gleichbleibenden) Koordinaten übermittelt und so die Akkuleistung verringert, kann die Standortbestimmung in Kombination mit einem Bewegungs- bzw. Beschleunigungssensor erfolgen. In diesem Fall werden nur dann Daten übermittelt, wenn das Smartphone in Bewegung ist.

GEOFENCES OPTION / ATTRIBUT	BEMERKUNG
ID	Hier legen Sie die ID an, die an die Webanwendung zur weiteren Verarbeitung weitergereicht wird. Damit ist eine Unterscheidung zwischen mehreren Devices möglich – also zwischen Smartphones und somit Benutzern. Hat jedes Familienmitglied ein Smartphone, können je nach Benutzer gezielt Geräte in der Hausautomation geschaltet werden.
Auslösen bei Ankunft	Webhook wird ausgelöst, wenn sich das Smartphone innerhalb des festgelegten Bereichs bzw. Radius' befindet.
URL Ankunft	Die in diesem Feld eingestellte URL (ggf. ist eine Portangabe nötig) wird beim Eintritt in den festgelegten Bereich automatisch aufgerufen.
Auslösen bei Verlassen	Webhook wird ausgelöst, falls das Smartphone den festgelegten Bereich verlässt.
URL Verlassen	Die in diesem Feld hinterlegte URL (ggf. ist eine Portangabe nötig) wird beim Verlassen des festgelegten Bereichs automatisch aufgerufen.
Mitteilung bei Statusänderung	Eine PUSH-Nachricht wird auf das Smartphone übermittelt, falls die Aktion Ankunft oder Verlassen der festgelegten Region eintritt.
Mitteilung bei Erfolg	Die hier eingestellte PUSH-Nachricht wird auf das Smartphone geschickt, falls die konfigurierte URL erfolgreich aufgerufen wurde.
Mitteilung bei Fehler	Die hier eingestellte PUSH-Nachricht wird auf das Smartphone geschickt, falls die konfigurierte URL ohne Erfolg aufgerufen wurde.
Username	Optional: Benutzername für den Zugriff auf die URL-Adresse
Passwort	Optional: Passwort für Username

Für eine möglichst genaue Standortbestimmung ist eine gemeinsame Betrachtung der Mobilfunk-Cell-ID (der Handymast, über den sich die SIM-Karte eingebucht hat), der WLAN-Koordination und zu guter Letzt der GPS-Position des GPS-Sensors zu empfehlen. Die genannten Funktionen bringt jedes moderne Smartphone auf Android- und iOS-Basis mit. Unter iOS beispielsweise wird über die Darstellung der Kompassnadel in der Statusleiste, die die Verwendung der Ortungsdienste darstellt, optisch informiert. Bei aktivierter Funktion ist die Kompassnadel als fein umrandete Kontur dargestellt. Ist eine App aktiv und greift darauf zu, ist die Kompassnadel als vollständig gefülltes Symbol zu sehen.

5 DOORBIRD: WLAN-KLINGEL UND VIDEOÜBERTRAGUNG

Das Unternehmen Bird Home Automation GmbH ist ein Ableger der myintercom und dieses wiederum ist ein Gemeinschaftsprodukt der Telecom Behnke GmbH und der 1000eyes GmbH. Die WLAN-fähige Smartphone-Türklingel DoorBird bietet im Vergleich zur herkömmlichen Klingel eine smarte Kopplung mit dem mobilen Device auf Android- oder iOS-Basis und macht damit eine Benachrichtigungsfunktion möglich, auch wenn Sie sich nicht am Aufstellort der smarten Klingel befinden. Ist die App ordnungsgemäß installiert, erhalten Sie eine Push-Nachricht auf das Smartphone, wenn ein Besucher an der Wohnungs- oder Haustür klingelt. Mithilfe einer hochwertigen HD-Kamera mit Nachtsichtfunktion, einem Mikrofon und einem Lautsprecher lässt sich je nach Bandbreite der Verbindung live ein Video-Gespräch führen.

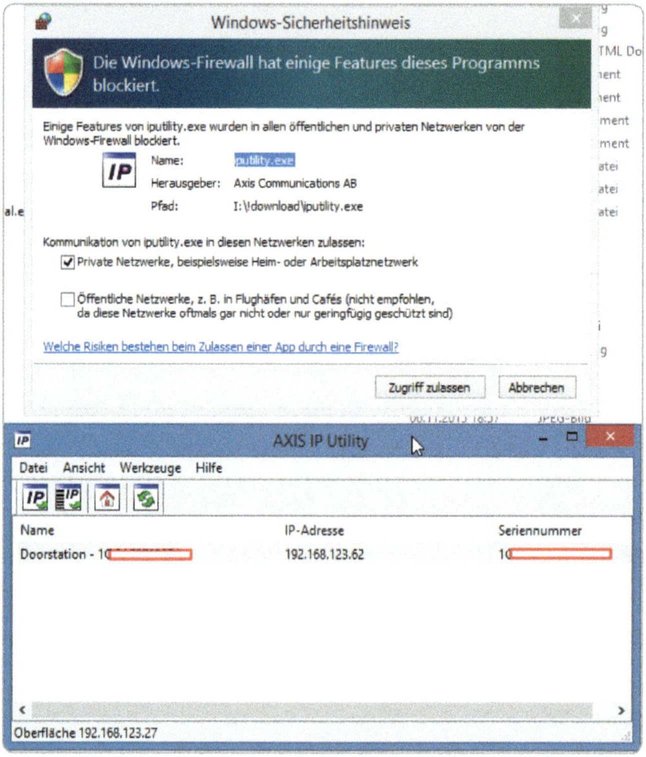

Undokumentiert: `iputility` von myintercom lässt sich mit dem DoorBird auf einem Windows PC verwenden.

Ist der DoorBird ordnungsgemäß eingerichtet, ist er nach der Installation im heimischen WLAN/LAN-Netz über eine eigene IP-Adresse erreichbar. Das bekannteste Kommandozeilenwerkzeug zum Test ist das `ping`-Kommando mit der entsprechenden Ziel-IP-Adresse. Der DoorBird selbst bietet auch eine Webschnittstelle über Port 80 an, die sich mit jedem beliebigen Webbrowser testen lässt.

Dank seiner IP-Adresse ist der DoorBird im heimischen Netz über den Webbrowser erreichbar.

Das stabile Gehäuse ist aus Polycarbonat, als Schutzklasse ist IP54 angegeben. Das bedeutet, es ist geschützt vor Staub und Spritzwasser, es ist also sinnvoll, es im Außeneinsatz unter dem Dach des Eingangsbereichs zu platzieren. Je nach Bauweise des Eingangsbereichs kann es eine Herausforderung sein, den DoorBird so zu montieren, dass eine gute WLAN-Qualität erreicht wird. Hier spielen Dinge wie Abschirmung, Wärmedämmung, Gehäuse und Baumaterialen vor Ort eine Rolle – am Ende des Tages kann sogar der Verzicht auf die WLAN-Schnittstelle und die Nutzung des kabelgebundenen Anschlusses die bessere Wahl sein. Die im DoorBird verbaute HD-Kamera schlägt an, wenn der verbaute Bewegungsmelder aktiviert ist, und sichert chronologische Bildaufnahmen, die für zusätzlichen Schutz an der Haustür sorgen. Der Klingelknopf aus Stahl ist mit einer blauen LED hinterlegt, die permanent leuchtet – dies ist nachts sehr praktisch, damit der Besuch die Klingeltaste findet. In der Dunkelheit sorgen die IR-LEDs für ein vergleichsweise gutes Bild – eine permanente Videoaufzeichnung findet aus Datenschutzgründen nicht statt.

Von den Anschaffungskosten her ist der DoorBird natürlich nicht mit einer einfachen Noname-Türsprechanlage aus Fernost vergleichbar, die kein Rundum-Sorglos-Paket mitbringt - angefangen bei der Installation bis hin zur Bedienung der App und zum Abschicken eines Alarmsignals auf das Smartphone.

Die IP-Video-Türsprechanlage DoorBird ist online oder im Fachhandel für rund 300 Euro erhältlich. Die Hardware selbst ist made in Germany und wird vom Türtelefonhersteller TC Behnke montiert. Darin finden sich hochwertige Hardwarekomponenten wie beispielsweise ein HDTV-Bildsensor für Audio- und Video-over-IP, was im Heimnetz für ein gutes Livebild sorgt.

5.1.1 Klingelpreller ade: Einbau, Montage und Anschluss

In diesem Projekt kam der DoorBird aus baulichen Gründen ausschließlich als WLAN-Gerät zum Einsatz – mit allen Vor- und Nachteilen. Bei einer WLAN-Nutzung ist die Hardware-Installation des DoorBirds in wenigen Minuten erledigt: Sie brauchen nur die beiden Drähte (rot und schwarz) mit den gleichfarbigen Drähten des beigelegten Netzteils zu verbinden und können anschließend mit der Einrichtung des Geräts über die kostenlose App beginnen. Ist der Aufstellort hinsichtlich der WLAN-Qualität und somit der Bandbreite nicht ideal, lässt sich der DoorBird mit dem beigelegten Ethernet-Adapter an das heimische LAN-Netzwerk anschließen. Dank eines PoE-fähigen Switches oder PoE-Injectors lässt sich auch die nötige Betriebsspannung bereitstellen – lediglich das Anschlusskabel ist etwas kurz geraten und muss ggf. verlängert werden. Die Bedienungs- und Installationsunterlagen leisten gute Unterstützung. Auch ein bereits vorhandener elektrischer Türöffner lässt sich am DoorBird anschließen.

Ist die App eingerichtet, kann man sie nutzen, um per Tap auf das entsprechende Symbol die Wohnungs- oder Haustür zu öffnen.

Die vier Adern (T+, T-, R+, R-) nutzen Sie für die Datenübertragung, die Anschlüsse V+/V- für die Spannungsversorgung. Optional können Sie einen Türgong an die potentialfreien Ausgänge C1 und C2 anschließen.

Haben Sie die Möglichkeit, am Montageort des Haus- oder Wohnungseingangs ein Datenkabel (CAT5 und besser) zu nutzen, dann sollten Sie es aus Bandbreitegründen auch tun. Nach dem Anschluss der Kabel montieren Sie die Videotürklingel an der Montageplatte. Die Videotürklingel rastet an den vorgesehenen Einrastpunkten ein und lässt sich mit der Sicherheitsschraube an der Unterseite der Montageplatte befestigen.

Montagehöhe: Naturgemäß muss die Kamera passend montiert sein, damit die Besucher später innerhalb des Darstellungbereichs erscheinen. DoorBird gibt die Empfehlung, die Kameralinse auf einer Höhe von mindestens 125 cm zu montieren.

Idealerweise verwenden Sie das 2-Draht-Kabel einer eventuell vorhandenen Klingelleitung für die Spannungsversorgung des DoorBird. Das mitgelieferte Steckernetzteil wird im Innenbereich der Wohnung oder des Hauses – also dort, wo die zwei Drähte der alten Türklingel aus der Wand kommen – mithilfe der mitgelieferten Quetschverbinder mit der Außenleitung (rot-schwarz) verbunden. Das Steckernetzteil wird schließlich in eine gewöhnliche Steckdose im Innenbereich gesteckt.

5.1.2 App besorgen und installieren

Sind die hardwareseitigen Vorbereitungen und die Montage am Aufstellort abgeschlossen, installieren Sie auf dem Smartphone die kostenlose DoorBird-App. Zwar steht diese sowohl für iOS- als auch für Android-Smartphones zur Verfügung, der Hersteller bevorzugt jedoch aus Kompatibilitätsgründen und wegen der besseren Audio-Qualität Geräte aus dem Hause Apple. Tatsächlich wird dies eher an den getesteten Android-Versionen sowie an der Aktualität des Smartphones liegen, denn tatsächlich sind bei älteren Geräten Audio-Übertragungs- und Darstellungsprobleme möglich. Bei dem verwendeten Android-Smartphone OnePlus One mit Cyanogen OS 12.1 (das auf Android 5.1 basiert) war die Audio-Qualität im Test so weit in Ordnung.

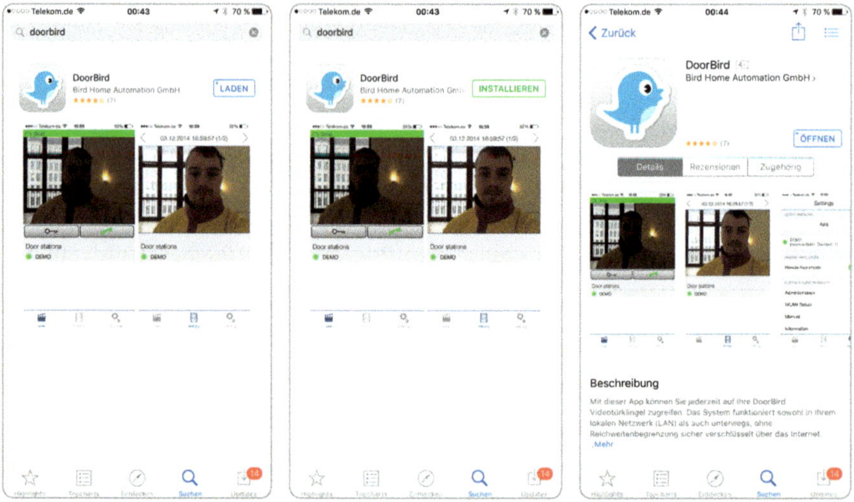

Ist die App im App-Store gefunden und auf dem Smartphone installiert, starten Sie sie über die `Öffnen`-Schaltfläche.

Im nächsten Schritt erledigen Sie die Grundkonfiguration der App: Nehmen Sie zunächst Verbindung zum LAN/WLAN-Router auf und legen Sie den Administrator sowie die Benutzer für den Zugriff auf den DoorBird an.

5.1.3 Grundkonfiguration per DoorBird-App

Grundsätzlich kommuniziert der DoorBird des LAN/WLAN-Routers vor Ort über den DoorBird-Server mit dem Smartphone. Deshalb muss die Klingel zwingend eine aktive Verbindung zum LAN/WLAN-Router und somit zum Internet haben. Das ist nötig, damit unmittelbar nach dem Drücken des Klingelknopfs eine entsprechende Push-Benachrichtigung auf dem Smartphone erscheint und nach dem Start der App der Videostream übertragen und angezeigt wird. Für die Administration und die Zugriffskonfiguration benötigen Sie ein Administrator-Konto, für den normalen, alltäglichen Betrieb ist ein Benutzerkonto notwendig. Beide Konten lassen sich nur mithilfe des dem Karton beigelegten Zettels mit der Bezeichnung `Digital Passport` einrichten. Nach der Einrichtung und Registrierung steht Ihnen noch die Hintertür über die E-Mail-Adresse des Benutzers offen. Als sehr praktisch erweist sich beim Einrichten der App der mitgelieferte QR-Code, der einem das mühselige Eintippen von Benutzernamen und Kennwort erspart.

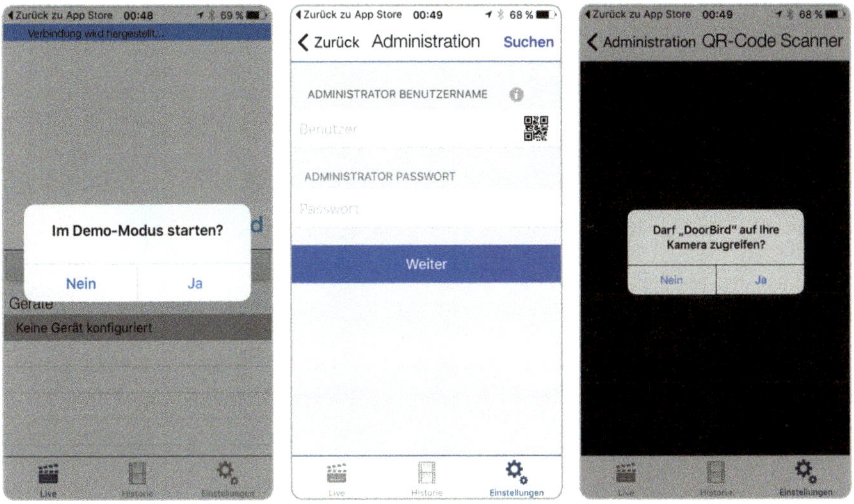

Nach der Installation richten Sie die App ein. Zunächst starten Sie sie im Betriebsmodus, indem Sie den vorgeschlagenen Demomodus abwählen und den QR-Code für die Administration des DoorBirds mit der Smartphone-Kamera einscannen. Damit ersparen Sie sich das mühselige Abtippen der Benutzer/Passwort-Kombination.

Für den Einsatz als Video-Sprechanlage benötigt die App naturgemäß Zugriff auf das Mikrofon des Smartphones. Nach Eingabe des Benutzernamens und des passenden Kennworts (vom Digital-Passport-Zettel) lassen sich Einstellungen wie beispielsweise der Anzeigename der Türklingel in der App, die Lautstärke des Lautsprechers an der Klingelanlage und am Smartphone sowie die Empfindlichkeit des Mikrofons anpassen. Achten Sie darauf, im Ersteinrichtungsdialog die direkte 1:1-WLAN-Verbindung zum DoorBird anzutriggern: Nach dem Einschalten des DoorBirds drücken Sie 10 Sekunden lang den Klingelknopf, damit der DoorBird einen eigenen WLAN Access Point zur Verfügung stellt.

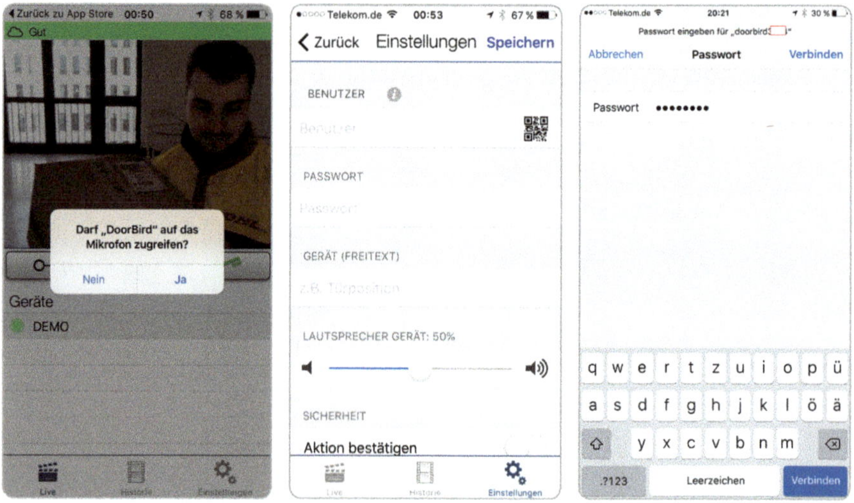

Die für den Adhoc-Mode generierte SSID hat in diesem Fall die Bezeichnung `doorbird`, gefolgt von einer individuellen Hexadezimalzahl-Kombination. Für die Verbindung ist das Kennwort `doorbird` zu verwenden.

Nach Eingabe des Kennworts bauen Sie die Verbindung zum DoorBird auf und legen die Verbindungsart fest.

5.1.4 App und Klingel über WLAN-Verbindung koppeln

Im nächsten Schritt scannt der DoorBird die nähere Umgebung nach verfügbaren WLAN-Stationen ab. Wählen Sie die SSID – also das heimische WLAN – aus und geben das für den Aufbau einer Verbindung nötige WPA2-Kennwort ein. Damit ist die WLAN-Konfiguration auch schon abgeschlossen, der DoorBird hat die WLAN-Verbindung gespeichert.

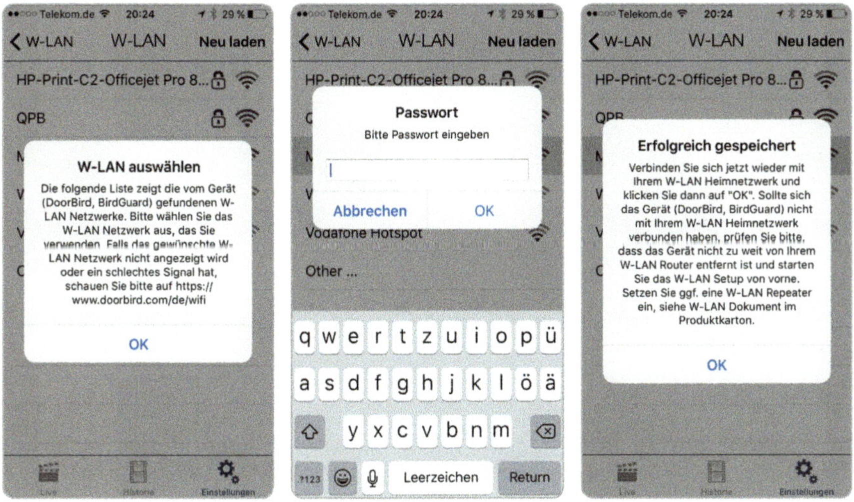

Nach der Auswahl des gewünschten WLANs tragen Sie das konfigurierte WLAN-Kennwort ein. Per Tap auf die OK-Schaltfläche wird die Konfiguration an den DoorBird übertragen.

Im nächsten Schritt legen Sie für den Zugriff der App noch einen Benutzer fest – auch hier benötigen Sie wieder den dem Karton beigelegten Zettel mit der Bezeichnung `Digital Passport`. Nach Eingabe des Benutzernamens und des Kennworts wählen Sie die `Weiter`-Schaltfläche und speichern die Einstellungen im DoorBird.

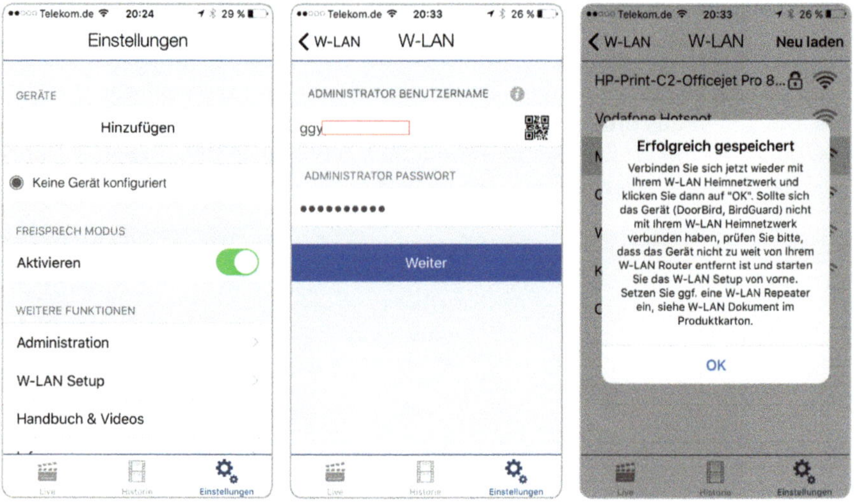

Nach Festlegung der WLAN-Einstellungen trennen Sie am Smartphone die Adhoc-Verbindung und nehmen über das heimische WLAN Verbindung zur DoorBird-Kamera auf, um mit der Administration fortzufahren.

Im nächsten Schritt sollte, falls noch nicht geschehen, das DoorBird-Gerät in der App erscheinen. Wechseln Sie zunächst mithilfe des Administrator-Kontos abermals in den Administrationsbereich und aktivieren nach Wunsch beispielsweise die Besucher-Historie und/oder den Bewegungssensor per Schieberegler in der App. Nach der Einrichtung wird das Klingelsignal der Türstation mit einer Standard-Push-Meldung über das Internet direkt auf den Smartphone-Bildschirm übermittelt. Da das Smartphone keine dauerhafte Netzwerkverbindung zum heimischen Server bzw. DoorBird halten kann, erfolgt die Mitteilung etwaiger Aktionen per Push-Nachricht auf das Dashboard.

Lässt sich die Videotürklingel in der App nicht hinzufügen, prüfen Sie zunächst über die Website `www.doorbird.com/de/checkonline`, ob der DoorBird online ist. Falls er nicht als online gelistet ist, starten Sie ihn erneut und richten die WLAN- bzw. LAN-Netzwerkkabelverbindung der Videotürklingel erneut ein. Feintuning ist die Änderung der Bezeichnung im Freitextfeld. Hier lässt sich ein individueller Name eintragen – beispielsweise Haustür.

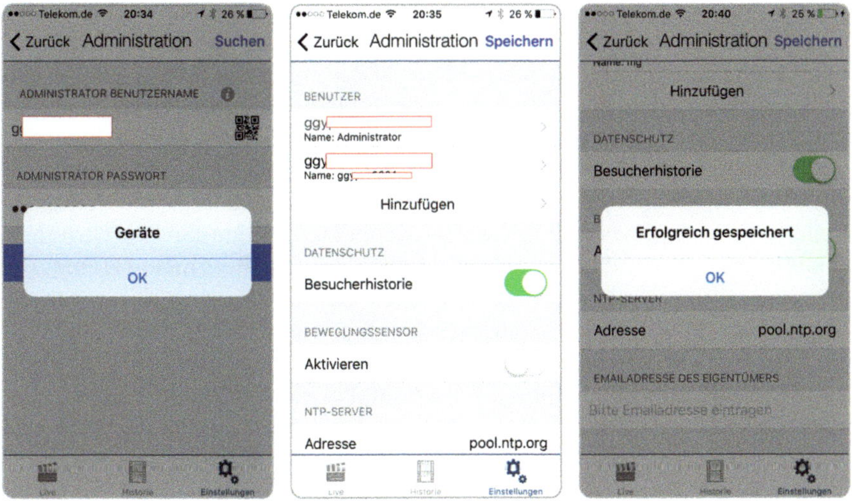

Besucherhistorie und/oder Bewegungssensor: Ist die Besucherhistorie aktiviert, werden bis zu 20 Besucher mit Bild, Datum und Uhrzeit in der Videotürklingel gespeichert. Für die Dokumentation des Zeitstempels ist die Einrichtung eines NTP-Zeitservers nötig.

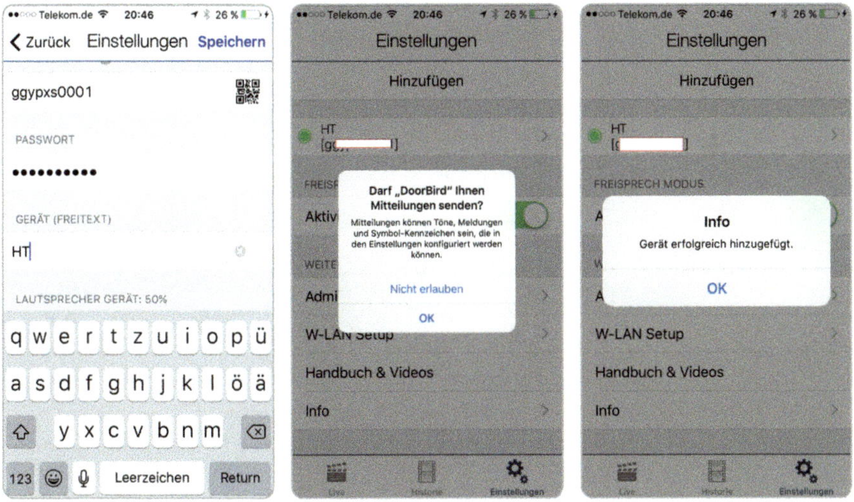

Konfiguration erfolgreich: Nach dem Hinzufügen der Videotürklingel zur App ist die Gesamtinstallation abgeschlossen.

Ein bereits vorhandener elektrischer Türöffner lässt sich am entsprechenden Anschluss des DoorBirds anschließen. Nach Einrichtung der App lässt sich der DoorBird prinzipiell nutzen, um per Tap auf das entsprechende Schlüsselsymbol in der Mitte links die Wohnungs- oder Haustür zu öffnen. Die Nutzung ist jedoch aus Sicherheitsgründen nur dann empfehlenswert, wenn die Videotürklingel manipulationssicher verbaut wurde. Da der DoorBird ein potentialfreies Relais zum Schalten eines Türöffners bzw. Motorschlosses zur Verfügung stellt, könnte ein gewiefter Einbrecher die beiden Drähte für das Türöffner-Relais kurzschließen, da das unbefugte Öffnen des Gehäuses mangels eines Gehäusekontaktschalters vom Doorbird selbst nicht bemerkt wird. Werden die Kontakte des Türöffner-Relais kurzgeschlossen, wird der elektrische Türöffner oder das Motorschloss mit Spannung versorgt, was wiederum zum Öffnen der Tür führt. Wer über den potentialfreien Kontakt lieber ein weniger sicherheitsrelevantes Gerät per DoorBird-App steuern möchte, kann kreativ werden und den Anschluss zweckentfremden. Voraussetzung ist, dass das entsprechende Gerät mit einer eigenen Spannungsversorgung ausgestattet ist.

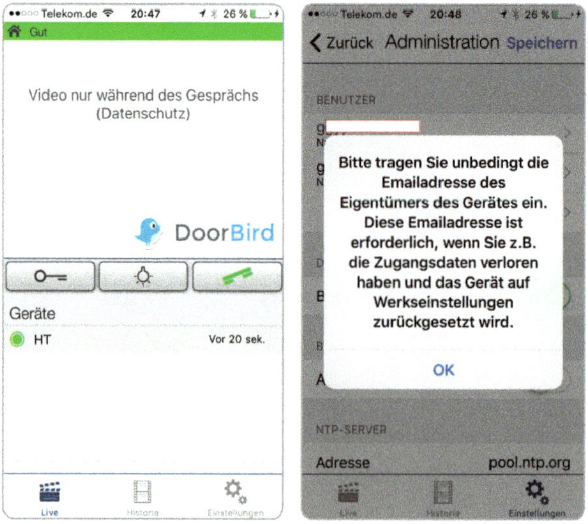

Nach Abschluss der Konfiguration bittet die App aus Sicherheitsgründen um die E-Mail-Adresse des Anwenders. Wird der nötige Digital Passport zum DoorBird nicht gefunden, haben Sie immerhin die Möglichkeit, das Gerät auf die Werkseinstellungen zurückzusetzen und es dann erneut in Betrieb zu nehmen.

Der mittlere Button mit dem Lampensymbol schaltet die IR-LEDs der Kamera. Das Hörersymbol rechts wird für den Verbindungsaufbau bzw. -abbruch benötigt und funktioniert nur, wenn jemand an der Haustür geklingelt hat.

5.1.5 LAN/WLAN und LTE: DoorBird im Praxiseinsatz

Im Betriebsalltag benötigen Sie das angelegte DoorBird-Administrator-Konto nur noch in den seltensten Fällen. Im eigentlichen Betrieb reicht das eigens für jedes Smartphone eingerichtete Benutzerkonto. Abhängig vom Standort der Videotürklingel und der WLAN-Antenne des WLAN/LAN-Routers, der Dicke der Wände und der Dämmung, dem Einbau in einem Metallgehäuse oder Briefkasten usw. kann die WLAN-Bandbreite drastisch reduziert sein, sodass eine flüssige Übertragung eines Videotelefonats kaum oder gar nicht möglich ist. Naturgemäß steht bei kabelgebundenen Verbindungen mehr Bandbreite zur Verfügung.

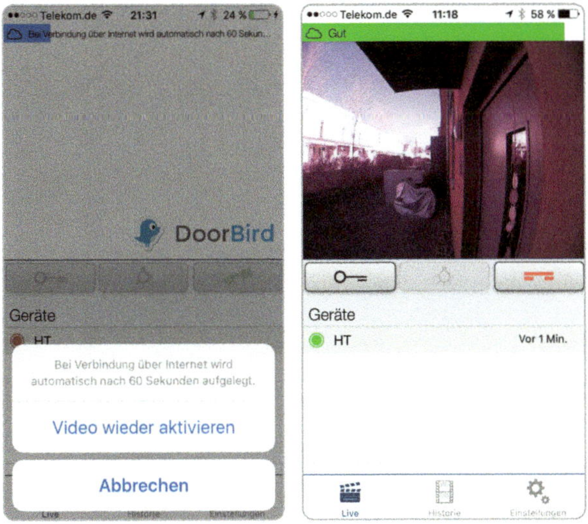

WLAN- oder LTE-Verbindungen für ruckelfreie Videowiedergabe nötig: Im oberen Bereich informiert die App mithilfe von farbigen Balken (rot/gelb/grün) über die derzeitige Verbindungsqualität bzw. die Bandbreite vom Smartphone zur Videotürklingel.

Wer sein Smartphone nicht immer dabei hat, der wird schnell seine alte Klingel oder seinen Türgong vermissen. In diesem Fall nutzen Sie eine 2-Draht-Verbindung von der Klingel zur Videotürklingel und schließen die Klingel an den beiden Anschlüssen des DoorBirds (beschriftet mit Bell/J3) an. Anschließend erfolgt parallel zum Alarmsignal auf dem Smartphone auch die Ausgabe des Signals an der tradionellen Türklingel.

Home Security
Camera 29
2014/11/30 18:22:54
REC
Camera 27
2014/11/30 18:22:54
REC
Live Stream

6 BILD- BZW. VIDEO-ÜBERWACHUNG ZU HAUSE

1984, Big Brother und Rundumüberwachung: Für Datenschutz-Fetischisten sind das die ersten Gedanken, wenn sie den Funktionsumfang und die Produktbeschreibung aktueller Bild- und Video-Überwachungen lesen. Für Sicherheit soll eine starke Verschlüsselung sorgen, die eigentlichen Daten sollen auf dem Speicherstick der Kamera bleiben und nur die Informationen zu den Gesichtern sollen im Idealfall übertragen werden. Selbstverständlich ist heutzutage bei der Datenübertragung zwischen Kamera und Smartphone eine sichere Verbindung Standard. Ein Mitlesen der Informationen ist so zwar nicht zu 100% gesichert, doch zumindest deutlich erschwert, sodass nicht jedermann die Bilder- und Videodaten der Kamera einfach mitlesen und sichern kann. Einsatzmöglichkeiten und Aufstellorte für eine Kamera gibt es in einem Haus oder einer Wohnung genügend: Die bequeme Überwachung der Haustür, des Briefkastens, des Treppenhauses oder des Innenbereichs, der Klingelanlage, der Garage oder der Garagenzufahrt sind mögliche Alternativen, um eine Kamera in Betrieb zunehmen. Nicht alles, was möglich ist, ist auch jedem angenehm – selbstverständlich sind Räume mit einem größeren Bedarf an Privatsphäre wie das Schlaf- und Kinderzimmer, der Essbereich, Toiletten und Bäder sensibler zu handhaben und deshalb für eine klassische Überwachung in der Regel ungeeignet. Die in diesem Buch dargestellte Überwachung zielt ausschließlich auf den Zweck, fremde Personen zu erkennen und den Eigentümer zu benachrichtigen.

6.1 NETATMO: WELCOME TO THE CAM-JUNGLE

Die Idee, eine aufgemotzte Webcam für die Heimautomation oder die Überwachung zu Hause mit einer App zu verwenden, ist nicht neu. So haben sich schon in grauer Vorzeit Firmen wie Creative und Logitech daran versucht. Heutzutage gibt es viele Hersteller, wie z.B. der Smart-Waagenhersteller Withings mit kostenpflichtigem Abo-Modell oder auch Google mit der Nest Cam. Für den praxisnahen Betrieb wird jedoch eventuell nach dem Kauf der rund 200 Euro teueren Kamera weiteres Geld fällig.

Abgesehen davon, dass die Google-Nest-Cam-Lösung außerhalb des Onlinehandels im November 2015 so gut wie nicht erhältlich war, spielt sie auch aus Kostengründen (mit knackigen 300 US-Dollar für einen jährlichen Nutzungsvertrag) in diesem Buch keine Rolle. Die Netatmo-Welcome-Kamera bietet – von der Sprachsteuerung abgesehen – in etwa den denselben Funktionsumfang, und das zu einem günstigeren Preis.

Prices of Nest Aware Subscription Plans

Nest Aware with Video History subscriptions are available in two options: 10-day and 30-day.

Features	Nest Cam only	Nest Cam + Nest Aware with 10-day Video History Sold separately in Nest app	Nest Cam + Nest Aware with 30-day Video History Sold separately in Nest app
	no additional fees	$10/month or $100/year $5/month per add'l camera	$30/month or $300/year $15/month per add'l camera
· 24/7, continuous 1080p HD streaming · Motion alerts · Sound alerts · Night Vision · Talk & Listen · Clear Zoom · Quick, easy setup · Nest App · Software updates over Wi-Fi	✓	✓	✓
24/7, continuous 1080p HD recording (requires 140 GB upload bandwith per month)	Free 30-day trial of Nest Aware with 10-day Video History	10-day Video History 100+ GB of cloud storage	30-day Video History 300+ GB of cloud storage
Alert summary to quickly scan your Video History.		✓	✓
Activity Zones for personalized alerts.		✓	✓
Powerful algorithms in the cloud to help filter out false alerts.		✓	✓
Clips you can make, download and share.		✓	✓
Timelapses that turn hours of video into short films.		✓	✓

Teure Alternative: Der Nest-Aware-Service ist nach der Installation zehn Tage kostenlos, danach ist ein Abo nötig: Für 100 Dollar jährlich lassen sich die Aufnahmen in der Cloud bis zu 10 Tage speichern, abrufen und teilen – 30 Tage schlagen mit 300 Dollar extra zu Buche.

6.1.1 Welcome: Inbetriebnahme mit dem Smartphone

Wie die Wetterstation aus dem Hause Netatmo wird das Produkt Welcome zunächst mithilfe der für iOS und Android verfügbaren App gekoppelt, damit es später mithilfe der WLAN-Verbindungsdaten die Parameter und Funktionen mit dem Netatmo-Server selbstständig austauschen kann. Je nach Abruf landen nur einzelne Aufnahmen von Gesichtern in der kostenfreien Netatmo-Cloud, sodass Sie bei Bedarf von unterwegs sehen können, welche Personen sich im Haus oder in der Wohnung befinden, aber auch, welche Personen das Haus zu dem Zeitpunkt betreten haben, als die Speicherkarte entfernt oder die Welcome-Kamera vom Netz getrennt wurde. Die Informationen lassen sich von unterwegs über den personalisierten Bereich der übersichtlichen Netatmo-Seite abrufen, parallel dazu lässt sich die App für iOS und Android verwenden. Doch bevor es soweit ist, benötigen Sie die installierte App für die Grundinstallation der Kamera. Beim erstmaligen Start hilft ein Installationsassistent, der durch die notwendigen Schritte führt. Wer bereits ein Netatmo-Konto eingerichtet hat, kann es auch für die Welcome-Kamera verwenden.

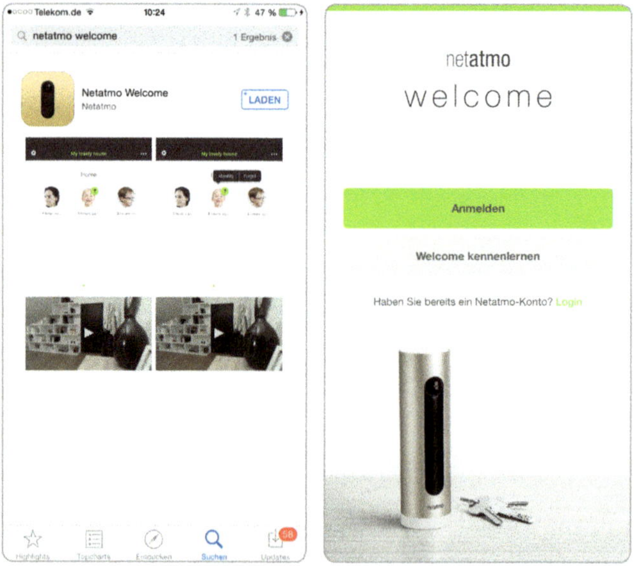

Grundinstallation: Zunächst laden Sie die kostenfreie App auf das Smartphone. Voraussetzung für Installation und Betrieb der Kamera ist ein sogenanntes Netatmo-Konto, das sich über die App einrichten lässt.

Nach Anmeldung beim Netatmo-Onlinedienst geht es an die Einrichtung der Welcome-Parameter der App. Angefangen bei der Benachrichtigungsfunktion bei Ereignissen bis hin zur Darstellung der Mitteilungen auf dem Smartphone ist alles dabei, und Sie können vieles Ihren persönlichen Vorlieben und Ihrem Informationsbedürfnis anpassen. Falls Sie sich immer benachrichtigen lassen, wenn die Kamera beispielsweise ein unbekanntes Gesicht einfängt, gehen zu Beginn eine Menge Nachrichten bei Ihnen ein, und Sie werden diese Funktion schnell wieder deaktivieren.

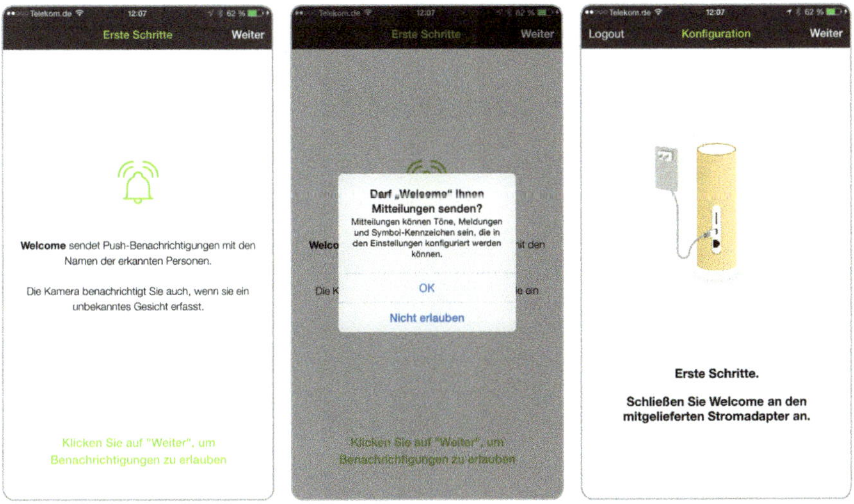

Nach der Grundinstallation erscheinen verschiedene Hinweise. Bei der Einrichtung der App lassen sich beispielsweise die Mitteilungen dahingehend festlegen, ob und an welcher Stelle sie angezeigt werden sollen. Änderungen der Darstellung, Töne und Mitteilungssymbole können nachträglich über den Einstellungen-Dialog erfolgen.

Die eigentliche Kopplung der Kamera mit der App sowie mit dem Netatmo-Konto ist simpel, aber effektiv gelöst: Folgen Sie den Anweisungen des Installationsassistenten auf dem Smartphone, schließen Sie zunächst die Kamera am Micro-USB-Kabel an und drehen Sie die Kamera auf den Kopf. Der verbaute Sensor sorgt dafür, dass die Kamera in den Betriebsmodus wechselt und für den Bluetooth-Zugriff bereit ist. Dies bedeutet auch, dass beim Smartphone Bluetooth nicht nur eingeschaltet, sondern auch als sichtbar konfiguriert sein muss, damit das Smartphone und die Netatmo-Kamera zueinanderfinden.

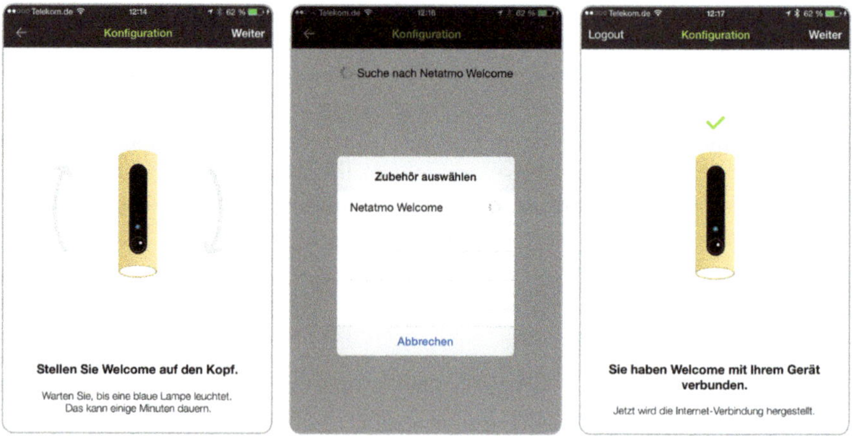

Ist die App installiert, nehmen Sie die Netatmo-Welcome-Kamera in Betrieb. Dafür verbinden Sie sie mit dem Netzteil an der Steckdose und starten die Einrichtung. Der Assistent auf dem Smartphone führt Sie Schritt für Schritt durch die Installation der Kamera.

Grundsätzlich lässt sich die Welcome-Kamera übers WLAN betreiben, doch beim Abspielen der Videosequenzen auf dem Smartphone geht die Bandbreite stark in die Knie. Ist in der Nähe des Aufstellorts eine Möglichkeit vorhanden, ein Ethernetkabel zu verwenden, sollte sie genutzt werden

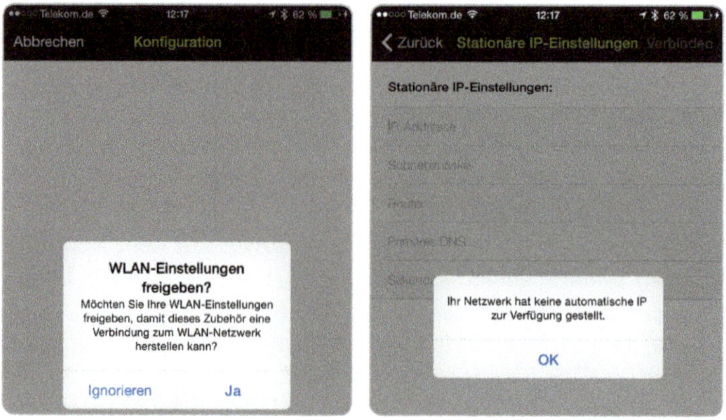

Gewohntes Vorgehen: Für das »eigenständige« Arbeiten benötigt die Kamera einen Netzzugang. Bei einer WLAN-Verbindung holt sich die Kamera die notwendigen Parameter aus der Smartphone-Konfiguration.

Beachten Sie, dass Geräte wie Kameras, IP-Telefone, Web- oder Dateiserver usw. aus Sicherheitsgründen mit einer eigenen, festen IP-Adresse konfiguriert werden sollten. Ist beispielsweise der LAN/WLAN-Router im Heimnetz einmal nicht erreichbar oder speichert er die Zuordnung der Mac-Adresse zur IP-Adresse nicht dauerhaft, kommt es vor, dass das Gerät am nächsten Tag unter einer anderen IP-Adresse erreichbar ist als am Vortag. Im schlechtesten Fall muss dann das Gerät neu konfiguriert und initialisiert werden – bei Dateiservern müssen die Freigaben neu eingerichtet, bei Webservern müssen die Konfigurationsdateien, DNS-Einträge usw. angepasst werden und vieles mehr. Aus diesem Grund richten Sie auch bei der Welcome-Kamera eine statische IP-Adresse im Adressbereich in Ihrem Heimnetz ein, sodass der Zugriff auf die Kamera und von der Kamera immer sichergestellt ist.

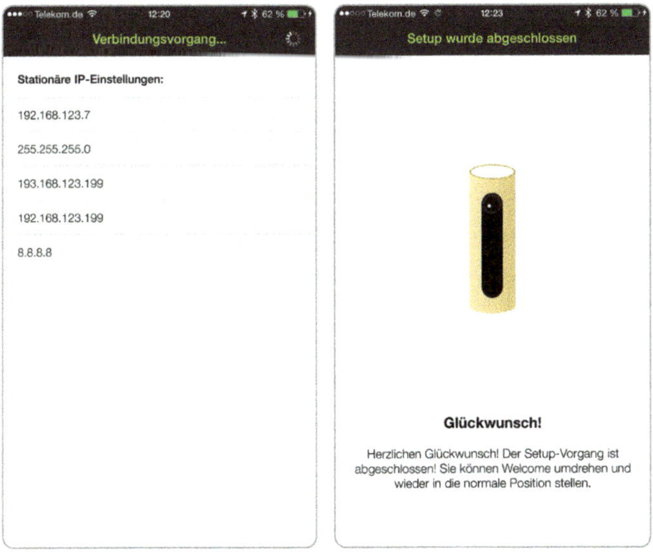

Sicher ist sicher: Gerade bei Video-CAMs mit Netzwerkanschluss sind eine stabile Netzverbindung und eine korrekte IP-Konfiguration essenziell.

Wird eine bekannte Person von der Kamera erfasst und erkannt, erhalten Sie auf dem Smartphone eine Benachrichtigung. Dies ist auch bei unbekannten Gesichtern der Fall, die mit den bekannten Gesichtern in einem Zeitstrahl dargestellt werden. Unbekannte Gesichter lassen sich per Fingertipp identifizieren und mit einem Namen versehen. Da die Kamera anfangs die neuen

Gesichter erkennen und zuordnen muss, dauert es etwas, bis sämtliche Personen im Haushalt relativ zuverlässig erkannt werden. Dies sorgt für eine erhöhte Temperatur am Gehäuse der Kamera, bei rechenintensiven Vorgängen gibt die Steuereinheit eine Menge Hitze ab. Je nach Kaufdatum steht für das Temperaturproblem ein Update der Kamera-Firmware bereit – die App informiert selbst darüber, dass eine neue Version zur Verfügung steht. Die Installation erfolgt unmittelbar und ist innerhalb weniger Minuten abgeschlossen. In der Regel startet die Kamera automatisch neu, im Test musste jedoch der Stecker kurz gezogen werden, um die Kamera wieder zum Normalbetrieb zu überreden.

6.1.2 Wenig Speicherplatz? – Speicherkarte tauschen

Das Netatmo-Welcome-Modell der ersten Stunde wird mit 8 GByte Speicherplatz auf der MiniSD-Karte ausgeliefert. Ist der Speicher voll, überschreiben die neuen Einträge die alten nach dem FirstIn/FirstOut-Prinzip. Wer eine längere Speicherdauer und somit eine größere Kapazität benötigt, kann die SD-Karte gegen eine Karte mit einer maximalen Kapazität von 32 GByte tauschen.

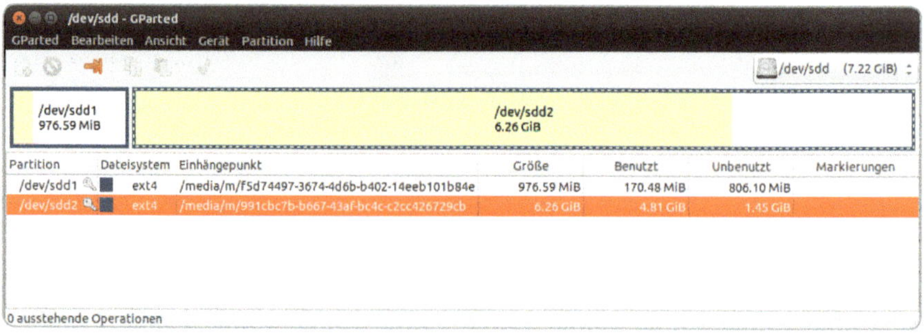

Zwei Partitionen sind auf der Speicherkarte eingerichtet.

Entfernen Sie die Speicherkarte aus der Welcome-Kamera und mounten Sie die Karte auf einem Linux-Betriebsystem, lassen sich die Inhalte der Netatmo-Kamera anzeigen. Navigieren Sie in die unterschiedlichen Verzeichnissse, tauchen in den jeweiligen Verzeichnisse mit kryptischen UID-Bezeichnungen am Ende des Tages Dateien im ts-Containerformat auf, die sich mit Werkzeugen wie VLC (Video LAN Client) öffnen und abspielen lassen.

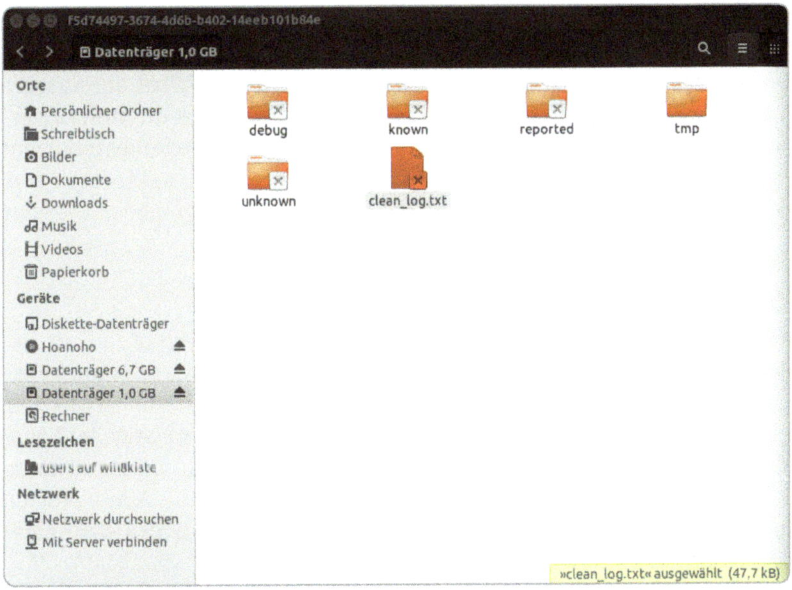

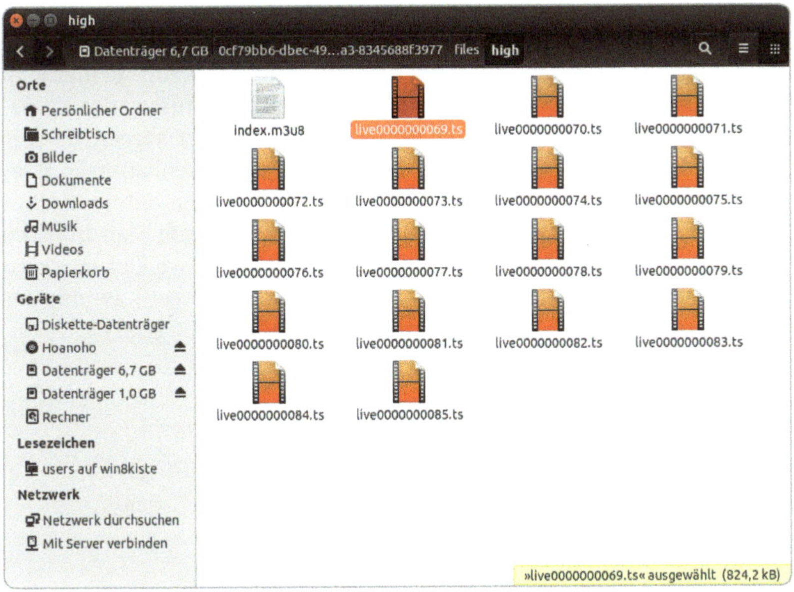

Die Daten auf der Speicherkarte können zunächst nur von der Kamera gelesen werden, unter Linux lassen sich die Videoschnipsel im ts-Streamingformat auch am Computer abspielen.

Der Austausch gegen eine größere Karte sollte kein Problem sein: Trennen Sie die Kamera von der Spannungsversorgung, entnehmen Sie die originale Speicherkarte und setzen Sie die neue, größere Karte ein. Wird die Kamera wieder mit der Spannungsversorgung verbunden, sollte sie die nötige Verzeichnisstruktur automatisch anlegen, nachdem sie mit dem ext4-Dateiformat initialisiert wurde.

6.1.3 Willkommen zu Hause – Gesichtserkennung mit der Welcome-Kamera

Ist die Netatmo-Welcome-Kamera konfiguriert und ordnungsgemäß in Betrieb, sendet sie an die App eine Nachricht, wenn ein bekanntes oder ein unbekanntes Gesicht erfasst wurde. Gerade anfangs ist diese Prozedur etwas zäh, denn bis die Kamera ein Gesicht zu erkennen lernt, dauert es etwas. Im Laufe der Zeit reduzieren sich die unbekannten Gesichter deutlich. Die Zuordnung der Gesichter zu den Namen bzw. Spitznamen erfolgt über die App – einfach im Zeitstrahl navigieren, das unbekannte Gesichter per Fingertipp identifizieren und anschließend mit einem Namen versehen.

Bei einem Kindergeburtstag mit vielen (unbekannten) Gästen beispielsweise wäre eine Flut von Mitteilungen auf dem Smartphone die Folge. Daher ist es sinnvoll, dass eine Benachrichtigung nur dann erfolgt, wenn niemand zu Hause ist. Mit der Zeit erkennt die Kamera auch den Eigentümer der Kamera – in diesem Fall kann die Logik der Hausautomation dafür sorgen, dass er beispielsweise begrüßt wird, sobald er nach längerer Abwesenheit nach Hause kommt. Steht die Kamera im Eingangsbereich, ist auch ein automatisches Einschalten der Beleuchtung o. Ä. denkbar – für tiefergehende Zuordnungen reicht die App jedoch nicht aus. Dafür bietet Netatmo für Entwickler eine passende PHP-API (`https://github.com/Netatmo/Netatmo-API-PHP`) an, mit der sich solche Dinge auf einem Linux-basierten System umsetzen lasssen.

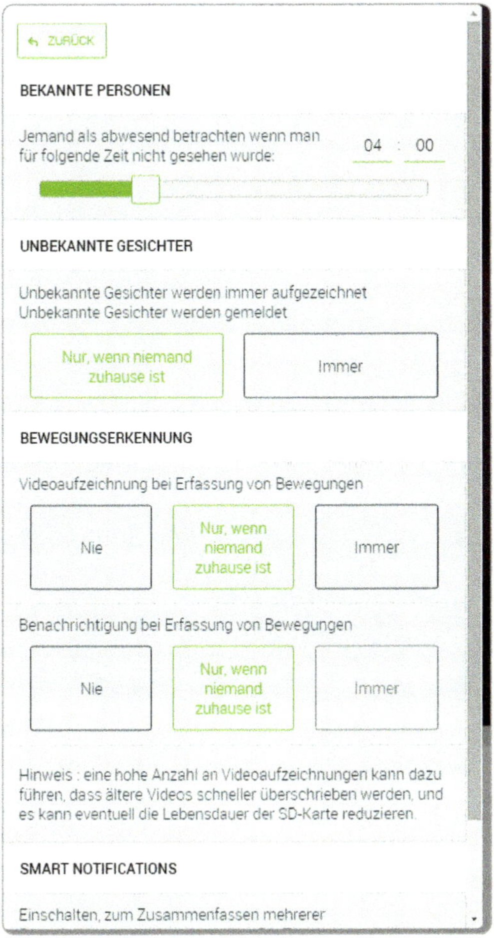

Konfigurationssache: Zeichnet die Kamera ein Video auf, werden unbekannte Gesichter festgehalten. In diesem Dialog lässt sich einstellen, wann diese gemeldet werden sollen – und das ist auch empfehlenswert.

7 SMARTE RAUCHMELDER: DAS SMARTPHONE ALS FEUERWEHR

In Europa lange Zeit nur in Großbritannien erhältlich und seit Herbst 2015 bei diversen Onlinehändlern in der Version 2 in Deutschland verfügbar: Der Rauchmelder Nest Protect von Google kommt mit eingebauter WLAN-Schnittstelle und informiert den Benutzer, wenn der CO_2-Sensor des Rauchmelders anschlägt. Die aktuelle Version kommt im Gegensatz zur Erstauflage ohne die sogenannte Wave-Funktion aus, mit der ein Alarm einfach per Wisch-Winke-Bewegung deaktiviert werden konnte. Dies funktionierte nicht zuverlässig und sorgte wohl auch im täglichen Gebrauch für Probleme, sodass diese Funktion kurzerhand wieder entfernt wurde. Der Rauchmelder ist in zwei unterschiedlichen Bauformen verfügbar: mit Akku/Batterie-Betrieb und als Modell für den Netzbetrieb an der Steckdose. Bei Letzterem kann es vorkommen, dass entweder kein Netzkabel oder das falsche (UK-Netzadapter) im Karton ist – im Rahmen unseres Projekts wurde kurzerhand ein eigenes Kabel samt Stecker aus der Bastelkiste geholt und vom Elektriker ordnungsgemäß angeschlossen. Sind die Batterien bzw. Akkus in der kabellosen Variante eingelegt oder ist in der Netzbetriebsversion der Netzadapter gesteckt, sind die Funktionen und Möglichkeiten der Geräte identisch. Die Einrichtung sowie die Praxisbeispiele in diesem Buch werden exemplarisch mit dem Nest Protect im Netzbetrieb durchgeführt.

7.1 NEST-RAUCHMELDER PER APP EINRICHTEN

Ganz gleich, ob die Smartphone-App mit Googles Android oder mit Apples iOS verwendet wird: Hinsichtlich der Funktionen und Möglichkeiten sind beide Apps nahezu identisch. Beide stehen in den jeweiligen App-Stores kostenlos zur Verfügung und sind innerhalb weniger Minuten heruntergeladen und installiert. Damit der Rauchmelder erstmalig in Betrieb genommen werden kann, verlangt Nest ein Onlinekonto, mit dem die App kommuniziert. Der Rauchmelder selbst liefert die Daten an den Nest-Server, der sie aufbereitet und zur Darstellung an die App weiterreicht. Dieses Client-Server-Prinzip via App ist bereits von anderen Herstellern wie Withings, Netatmo und weiteren Anbietern am App-Markt eingeführt. Es erfordert eine gesunde Portion Vertrauen in die Hersteller, denen die Daten zur Verfügung gestellt werden. Natürlich droht auch hier die Gefahr eines großen Briefbeschwerers zu Hause, falls der Anbieter eines Tages den versprochenen Service in Form von Webspace und

Service abschaltet oder ein wichtiges Zubehörteil nicht mehr wie vorgesehen funktioniert. Für den Nest-Protect-Rauchmelder von Google ist im Gerät selbst eine Art Ablaufdatum angegeben. Sie finden es unter den Einstellungen, die beim Rauchmelder über das Zahnradsymbol im Bereich `Technical info` beim Eintrag `Replace by` zu erreichen sind. Doch dazu später mehr.

7.2 RAUCHMELDER-ÜBERWACHUNG MIT DEM SMARTPHONE

Ist die App auf dem Smartphone installiert und dieses wiederum mit dem heimischen Netz übers WLAN verbunden, kann der Rauchmelder mithilfe der App konfiguriert und mit den gewünschten Einstellungen in Betrieb genommen werden. Neben dem für einen Rauchmelder nötigen CO_2-Sensor bringt der Nest Protect ein verbautes LED-Licht und eine Lautsprechereinheit mit, die als Alarm- und Hinweisgeber fungiert.

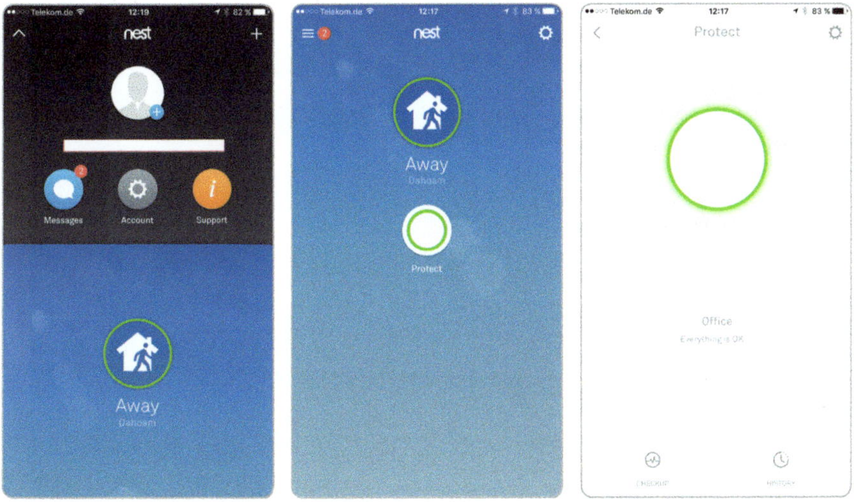

Nach dem Start der App erhalten Sie im Bereich *Messages* die aktuellen Meldungen des Nest-Protect-Rauchmelders.

Grundsätzlich überwacht der smarte Rauchmelder seine Umgebung wie ein gewöhnlicher Rauchmelder, und das auch dann, wenn keine WLAN-Verbindung eingerichtet ist. Der zusätzliche Nutzen offenbart sich vielen technikaffinen Anwendern im zusätzlichen Funktionsumfang. So dient der Rauchmelder auf Wunsch in der Dunkelheit als Nachtlicht, das auf Bewegungen reagiert und die Umgebung ausleuchtet. Zusätzlich teilt er mithilfe eines LED-Rings mit, ob Probleme jedweder Art vorliegen, beispielsweise eine schwache Batterie oder ob die Steam-Check-Funktion versucht, die Anzahl möglicher Fehlalarme zu verringern, während die Heads-Up-Funktion den Verlauf der Rauch- bzw. Monoxid-Messwerte überwacht.

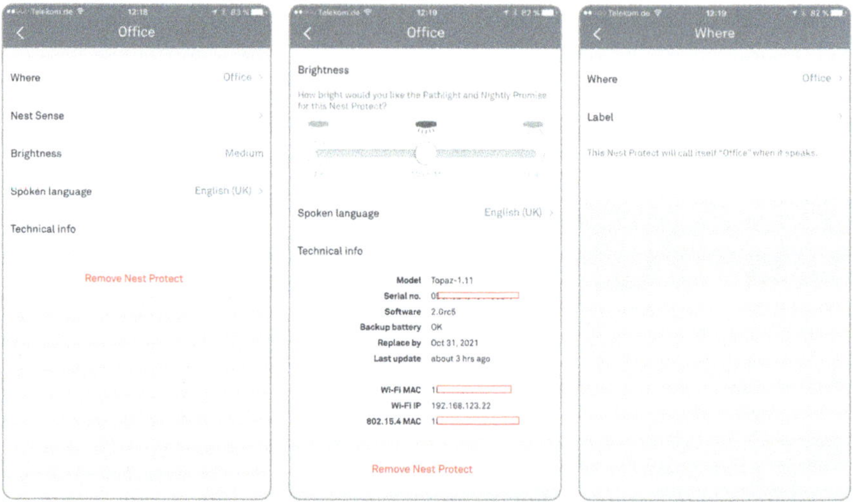

Der Nest-Protect-Rauchmelder wird mit einem Lautsprecher samt Sprachmodul ausgeliefert. Bei den angebotenen Sprachpaketen im Bereich *Spoken Language* fehlt in diesem Test jedoch die deutsche Lokalisisierung.

Wie bereits erwähnt, besitzt der Rauchmelder eine Art »Ablaufdatum« (zu finden in den Einstellungen, die sich über das Zahnradsymbol beim Rauchmelder im Bereich `Technical info` unter `Replace by` anzeigen lassen). Die Konfiguration lässt sich bequem über die App vornehmen – wie beispielsweise die Helligkeit der im Nest Protect als Nachtlicht verbauten LED.

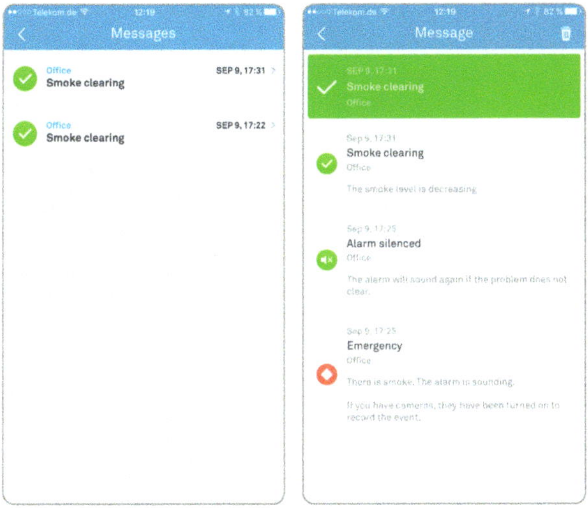

Alarmmeldung: Die akustische Fehlermeldung ist nicht zu überhören, den Hinweis der App muss man hingegen fast suchen. Unter `Messages` werden nicht nur einfache Hinweise, sondern auch Alarme angezeigt.

Über den Lautsprecher gibt der Rauchmelder zunächst einen leisen Alarm in Form einer Nachricht, bevor er in voller Lautstärke loslegt. Das ist besonders dann praktisch, wenn beispielsweise in der Küche etwas angebrannt ist und ein Fehlalarm die Folge wäre. Die Benachrichtigung bzw. die direkte Alarmmeldung auf das gekoppelte Smartphone erfolgt leider unzuverlässig – doch das ist vor allem nachts durchaus sinnvoll, wenn der Benutzer das Smartphone beispielsweise als Wecker im Schlafzimmer benutzt.

8 GRÜNER DAUMEN MIT DEM SMARTPHONE

Die Ideen der Technikanbieter machen im Zusammenhang mit Smart Homes, Heimautomation, vernetzten Devices und dem Internet of Things (IoT) auch vor den einfachsten Dingen zu Hause nicht halt. Sie versuchen vielmehr, diese mit eigenen Apps anzusteuern und zu überwachen. So ist es sogar möglich, mit einem Elektronikgerät mit Bluetooth-Verbindung (via Bluetooth 4.0 LE) und einem verbauten Feuchtigkeits-, Helligkeits- und Temperatursensor einen heimischen Blumentopf zu überwachen. Natürlich ist dies nicht auf einen Blumentopf im Innenbereich beschränkt, es können auch Pflanzen auf dem Balkon, im heimischen Garten oder im Gartenhaus per Smartphone überwacht werden.

8.1 EINSTECKEN, INSTALLIEREN, GIESSEN: FLOWER-POWER IM SMART HOME

Das astförmige Plastikgehäuse des Parrot Flower Power hat an seiner Unterseite Sensoren, die unter anderem die Bodenfeuchte des Blumentopfs messen. Nach dem Auspacken werden die Batterien eingelegt, und das Gerät wird in den Blumentopf oder ins Beet gesteckt. Die Kopplung selbst ist nur in den ersten Sekunden nach dem Einschalten mit dem Smartphone via Bluetooth 4.0 an einem iOS- oder Android-Gerät möglich – doch zunächst installieren Sie die App, die Sie nicht nur für den Betrieb, sondern auch für die Einrichtung des Parrot Flower Power benötigen.

Nach Download und Installation der kostenfreien Flower-Power-App starten Sie sie und legen zunächst ein Onlinekonto für die Datenpflege und den Zugriff auf die Pflanzendatenbank an. Anschließend ist die App mit dem Parrot-Adapter im Pflanzenkübel zu koppeln. Dies ist die Gelegenheit, die mitgelieferte Batterie in den Adapter zu legen. Beim Hochfahren des Sensors wird die nähere Umgebung nach einem Bluetooth-Partner gescannt, und nur in diesem Moment lässt sich das Smartphone mit dem Sensor verheiraten.

Sind der Flower-Power-Adapter und die Smartphone-App miteinander verbandelt, richten Sie im Bereich `Einstellungen` die persönlichen Parameter ein. In diesem Fall ist die Datenweitergabe standardmäßig aktiviert: Datenschutz-Fetischisten stellen den Schieberegler bei den persönlichen Daten bei GPS oder Foto von `Öffentlich` auf `Privat` und schalten die anonyme Datenerhebung per Schieberegler von `On` auf `Off`. Im nächsten Schritt richten Sie die

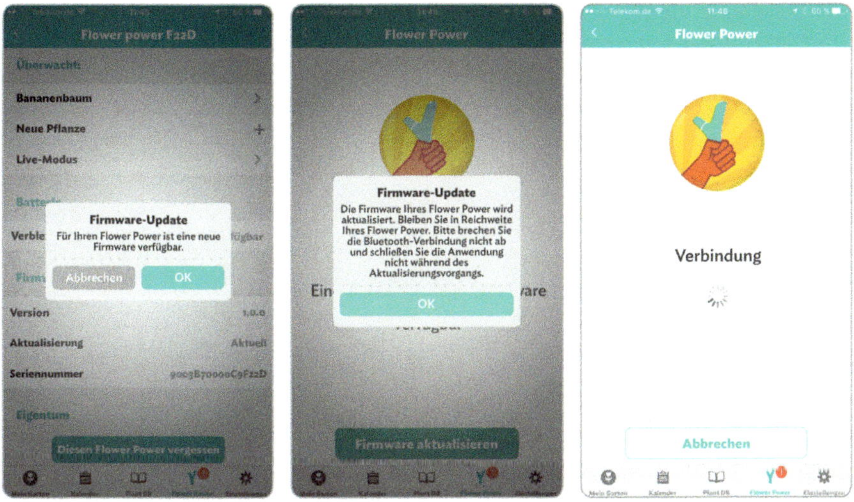

Flower sucht Firmware-Power: Nach dem Start überprüft die App die Firmware-Version des Flower-Power-Sensors. In diesem Fall wird nach Inbetriebnahme des Sensors umgehend ein Firmware-Update von Version 1.0.0 auf Version 1.1.0 vorgenommen.

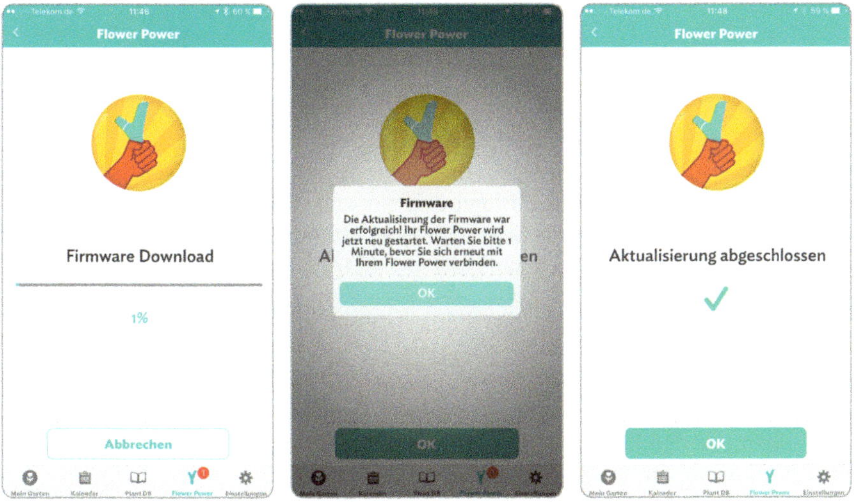

Nach dem Koppeln mit dem Flower-Power-Adapter prüft die App umgehend, ob für den Sensoradapter eine neue Firmware zur Verfügung steht, lädt sie ggf. auf das Smartphone und installiert sie auf dem Flower Power-Adapter.

zu überwachende Pflanze bzw. Pflanzenart ein. Für das schönere Erlebnis und die Darstellung innerhalb der App können Sie mit der Smartphone-Kamera ein Bild der Pflanze aufnehmen und benennen.

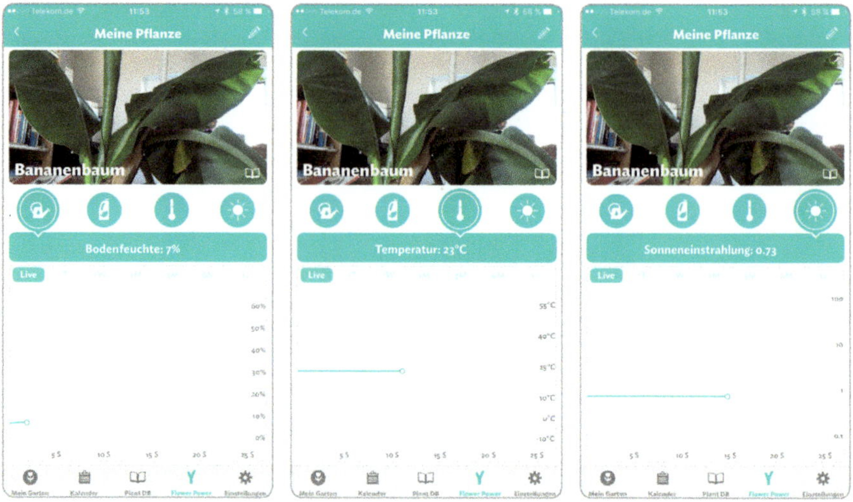

Nach der Ersteinrichtung und Sensor-Initialisierung misst der Flower-Power-Sensor Bodenfeuchte, Temperatur und Sonneneinstrahlung am aktuellen Standort der Pflanze.

Nach der Konfiguration lässt sich die Pflanze per App überwachen. Braucht sie Wasser, mehr oder weniger UV- bzw. Sonnenlicht? Stimmen die Umgebungstemperaturen, oder herrscht nachts vielleicht Frost? Nach ein paar Tagen spielt sich der Sensor auf die Umgebung ein und meldet im Bereich `Kalender` täglich den Status der Pflanze bzw. eine Empfehlung, mit der ihr Wohlbefinden verbessert werden kann.

Laut einer Pressemitteilung von Parrot arbeiteten die App-Entwickler mit renommierten Universitäten im Bereich Gartenbau und Landwirtschaft zusammen, was vor allem dem integrierten Pflanzenkatalog zugute kam: Dieser hilft bei der Auswahl des Pflanzentyps und liefert weitere Hintergrundinformationen zur Pflege der Pflanze. Kommen mehrere Flower-Power-Geräte zum Einsatz, können sie mit ein und derselben App überwacht werden. Dann müssen die Pflanzen allerdings entsprechend benannt werden.

8.2 PFLANZENÜBERWACHUNG MIT DEM RASPBERRY PI

Wer die Statusmeldungen der Flower Power-Geräte nicht innerhalb der App auf dem Smartphone oder Tablet, sondern in die eigene Hausautomation einbinden möchte, für den bietet Parrot eine Python- und eine Node-JS-Schnittstelle an, mit denen man bequem online auf die Konfiguration und auf die aktuellen Daten des Pflanzensensors zugreifen kann. Voraussetzung dafür ist ein Benutzerkonto samt Kennwort, das Sie bereits bei der Initialisierung und Erstinstallation des Pflanzensensors erstellt haben. Außerdem dient ein API-Key mit Secret-Key als Eintrittskarte zur individuellen Datenstruktur des Sensors.

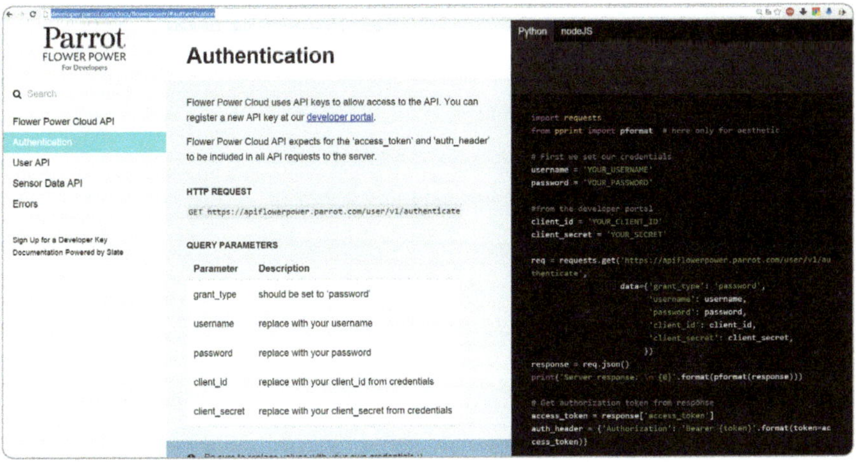

Erste Anlaufstelle für Eigenbau-Lösungen mit dem Flower-Power-Sensor ist die URL *http://developer.parrot.com/docs/flowerpower/*.

Um an den nötigen individuellen API-Key zu gelangen, ist zunächst die Registrierung über die oben verlinkte Entwickler-Seite `https://apiflowerpower.parrot.com/api_access/signup` nötig. Anschließend versendet der Registrierungsmechanismus eine automatische E-Mail mit der `Access ID` samt dazugehöriger `Access secret`. Diese Kombination ist Ihre zukünftige Eintrittskarte, um automatisiert auf die hinterlegten Daten zuzugreifen.

9 SONNE, REGEN, WIND: NETATMO-WETTERSTATION

Wenn Sie die Verkaufslisten für Smartphone-Zubehör inspizieren, finden sich Produkte der Firma Netatmo mit auf den vorderen Plätzen. Dies liegt unter anderem sicherlich an dem eleganten Design und an der kleinen, kompakten Form der Sensoren. Das Einsteigerpaket, bestehend aus einer Innen- sowie einer Außeneinheit, war 2015 für ca. 160 Euro erhältlich. Der Verkauf mit gehörigem Preisnachlass im Rahmen der Cyber-Monday-Woche Ende November 2015 scheint darauf hinzuweisen, dass bereits ein Nachfolger in Planung ist und im Jahr 2016 erscheinen wird.

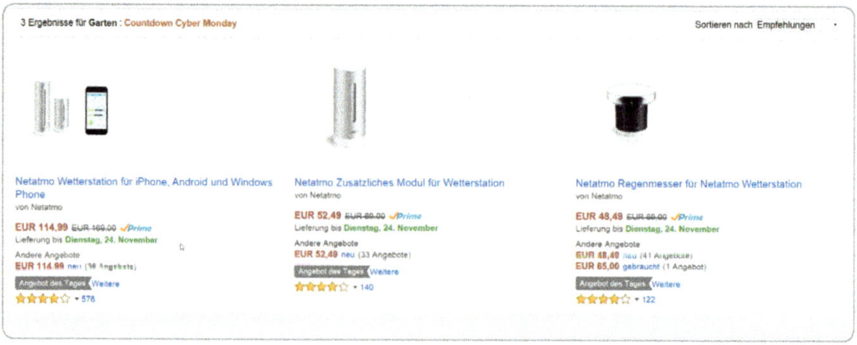

Die Wetterstation von Netatmo ist in den Onlinekaufhäusern recht beliebt und wird stetig um weiteres Zubehör ergänzt. Im November 2015 wurde zusätzlich zu den Innen- und Außeneinheiten und dem Regensensor auch ein Windmesser ins Repertoire aufgenommen.

Beim Auspacken fallen sofort die beiden formschönen, aus Aluminium gefertigten Türmchen auf. Die große Inneneinheit wird mithilfe eines USB-Kabels und eines Netzadapters mit Spannung versorgt, die kleinere Außeneinheit der Netatmo-Wetterstation verfügt über ein Batteriefach für vier Batterien des Typs AAA. Nach Abschluss der Konfiguration übermitteln die gekoppelten Module (Außeneinheit, weitere Inneneinheiten, Regensensor und Windmesser) ihre Messwerte drahtlos an die Zentraleinheit, das große Innenmodul mit der Spannungsversorgung. Dieses sendet seine Messungen sowie diejenigen der gekoppelten Module über die WLAN-Verbindung über den WLAN/LAN-Router zum Netatmo-Server, also dorthin, wo Sie Ihr persönliches Netatmo-Konto angelegt haben. Wenn Sie die Netatmo-App auf dem Smartphone verwenden, wird so sichergestellt, dass diese Messungen auch von Ihrem persönlichen Aufstellort stammen und sich jederzeit von Ihnen abfragen lassen.

9.1 NETATMO-WETTERSTATION AM COMPUTER VORBEREITEN

Schließen Sie zunächst das beigefügte USB-Kabel am Computer an (Windows oder Mac OS) an und starten Sie den Webbrowser mit der URL `http://start.netatmo.com`. Dafür ist zunächst ein Account auf dem Netatmo-Server anzulegen, um anschließend die Netatmo-Wetterstation mit dem WLAN zu Hause zu verbinden.

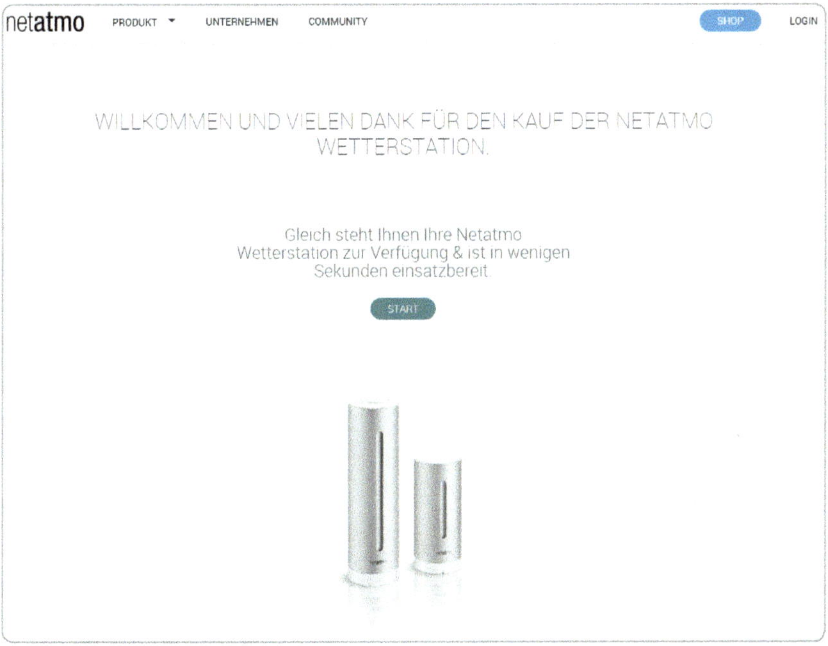

Die Inneneinheit der Wetterstation wird mit dem mitgelieferten USB-Kabel am Computer angeschlossen, um die Netzwerkparameter einzustellen.

Zunächst navigieren Sie zur Einrichtungsseite `http://start.netatmo.com` und legen dort ein persönliches Benutzerkonto an. Dieses dient später für die Authentifizierung auf der persönlichen Netatmo-Webseite sowie der Nutzung der App auf dem Smartphone

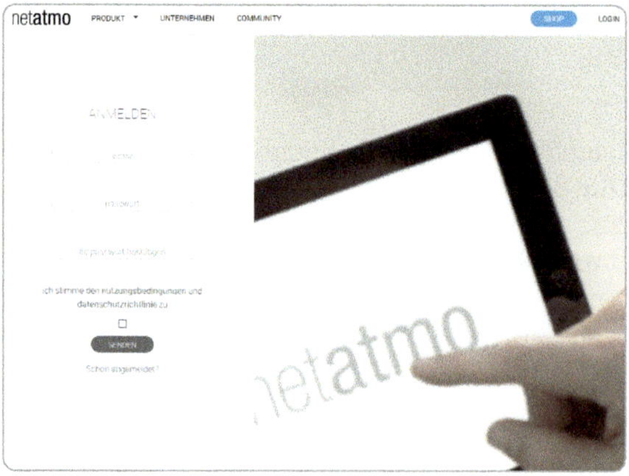

In wenigen Minuten haben Sie ein persönliches Benutzerkonto auf dem Netatmo-Webserver angelegt.

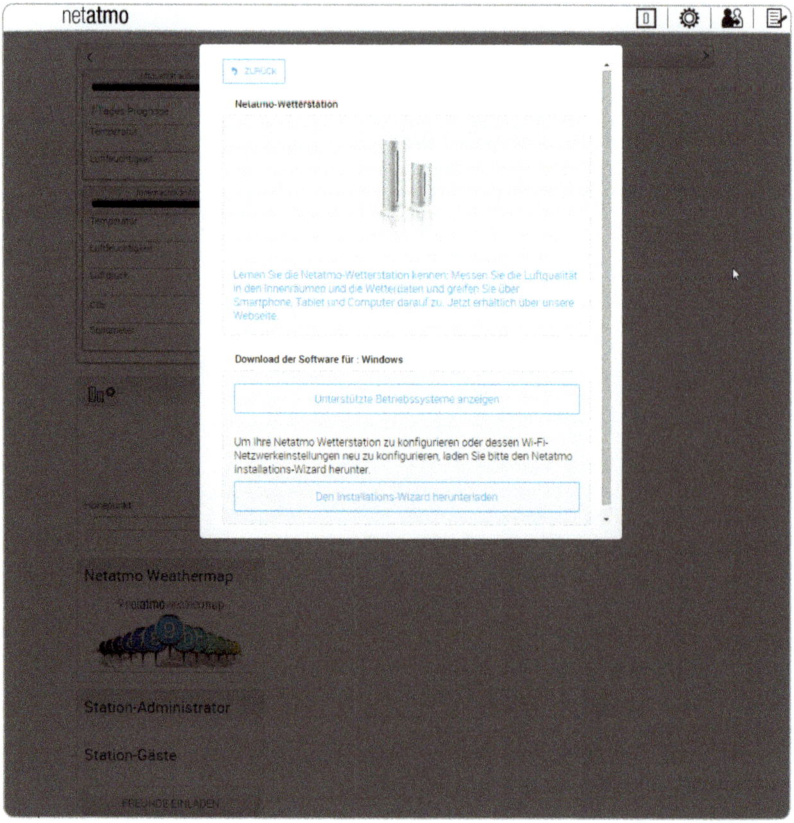

Anschließend laden Sie sich die Einrichtungssoftware für den Computer auf die Festplatte und lassen sich mithilfe des Einrichtungsassistenten durch die Konfigurationsschritte der Netatmo-Zentraleinheit führen.

Alternativ lässt sich die Konfiguration mit einem iPhone oder iPad erledigen. Dafür ist die Inneneinheit mit dem USB-Kabel am Micro-USB-Anschluss und das iPhone über das iPhone-Kabel (Lightning- oder 30-pin-Anschluss) mit der Wetterstation zu verbinden. Wenn Sie die Wetterstation von Netatmo wie in diesem Beipiel mit einem Computer konfigurieren, braucht die Inneneinheit der Wetterstation nicht mit dem Netzadapter verbunden zu sein, da die nötige Spannung vom Computer bereitgestellt wird.

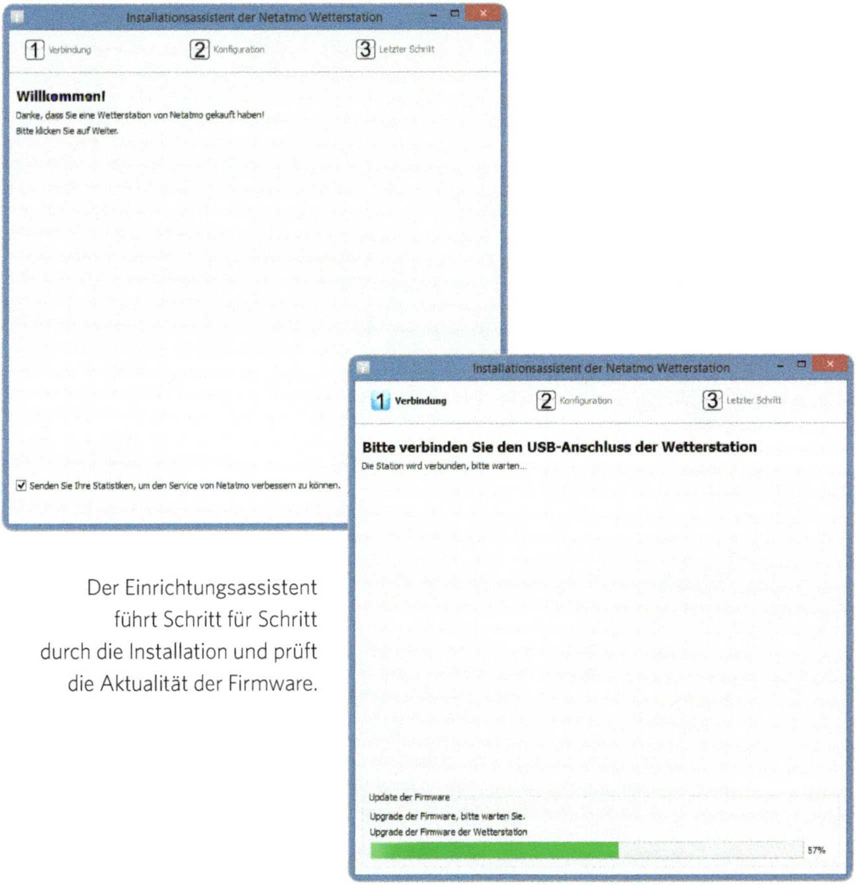

Der Einrichtungsassistent führt Schritt für Schritt durch die Installation und prüft die Aktualität der Firmware.

Gerade bei der ersten Inbetriebnahme kann für die Wetterstation ein umfangreiches Update in Form einer neuen Firmware zur Verfügung stehen. Dies ist in diesem Projekt auch der Grund dafür, dass die Ersteinrichtung nicht mit dem Smartphone, sondern mit dem Computer erfolgt.

Die neue Firmware der Wetterstation ist in wenigen Minuten heruntergeladen, installiert und in Betrieb genommen.

Im nächsten Schritt scannt der Installationsassistent die nähere Umgebung nach verfügbaren WLAN-Netzwerken ab. Wählen Sie Ihr persönliches Heimnetzwerk aus und tragen Sie das für den Verbindungsaufbau nötige Kennwort im Feld `WLAN-Schlüssel` ein. Per Klick auf die `Verbinden`-Schaltfläche testen Sie den Verbindungsaufbau.

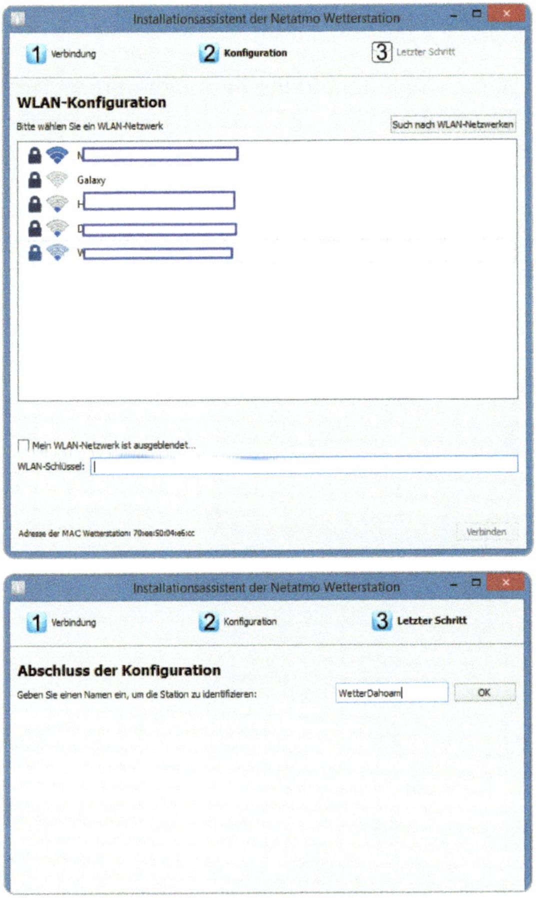

Nach erfolgreichem Verbindungsaufbau schließen Sie die Konfiguration der Wetterstation ab – optional ist der individuelle Name der installierten Wetterstation.

Nach einem Klick auf die OK-Schaltfläche schließen Sie einen weiteren Dialog, um den Konfigurationsassistenten zu beenden. Nun meldet sich das LED-Lämpchen der Inneneinheit mit einem blauen Licht. Das ist der Zeitpunkt, an dem Sie die Wetterstation vom Computer trennen und per mitgeliefertem Netzteil am vorgesehenen Einsatzort in Betrieb nehmen können. Beachten Sie, dass die Wetterstation eine WLAN-Verbindung benötigt, aus diesem Grunde sollte sie nicht im hintersten Winkel der Wohnung mit einer dürften WLAN-Qualität aufgestellt werden.

9.2 IPHONE- UND ANDROID-APP IM EINSATZ

Die Installation der Netatmo-Wetter-App stellt keine besonders große Herausforderung dar. Nach dem Start der App tragen Sie den erstellten und bestätigten Account-Namen samt Passwort ein. Nach wenigen Augenblicken sollten Angaben wie Temperatur, Luftdruck, Luftfeuchte, Luftqualität und der Wetterbericht des Aufstellorts erscheinen. Nach dem ersten Start meldet sich wieder zunächst ein Assistent, der die entsprechenden Bereiche der App-Oberfläche erklärt. Damit haben Sie auf Anhieb die relevanten Messwerte im Blick.

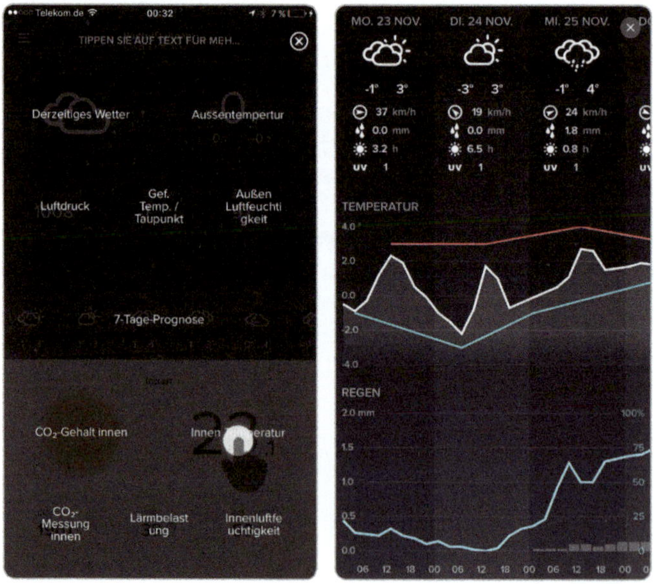

Egal ob Webseite oder App: Die Messwerte werden übersichtlich dargestellt. Neben der Darstellung aktueller Werte können bei Bedarf auch Verläufe, pro Sensor und Raum wöchentlich oder monatlich, dargestellt werden.

Die im Einsteigerpaket mitgelieferte Außeneinheit kann das ganze Jahr draußen bleiben, sollte jedoch nicht direkter Sonneneinstrahlung oder Schnee und Regen ausgesetzt sein. Ideal ist ein kleiner Dachüberstand oder eine Pergola, in denen keine Kälte- oder Wärmestaus entstehen können. Weitere Sensoren wie der Regensensor oder der Windmesser werden wie zusätzliche Innensensoren per App eingerichtet. Dafür ist die Wetterstation zunächst durch einen etwas längeren Druck auf die Oberseite der Innenstation in den Wartungsmodus zu bringen. Anschließend können bequem per Assistent der App weitere Module hinzugefügt werden. Der Assistent lässt sich über `Einstellungen` → `Ein Modul hinzufügen/entfernen` über die App starten. Sämtliche gekoppelten Sensoren und Einheiten werden schließlich in der Netatmo-App zusammengeführt. Wer möchte, kann im jeweiligen App-Store auch nach alternativen Wetter-Apps Ausschau halten, die sich mit den Netatmo-Daten befüllen lassen. Als zuverlässige und sinnvolle Ergänzung hat sich die `WeatherPro`-App herausgestellt.

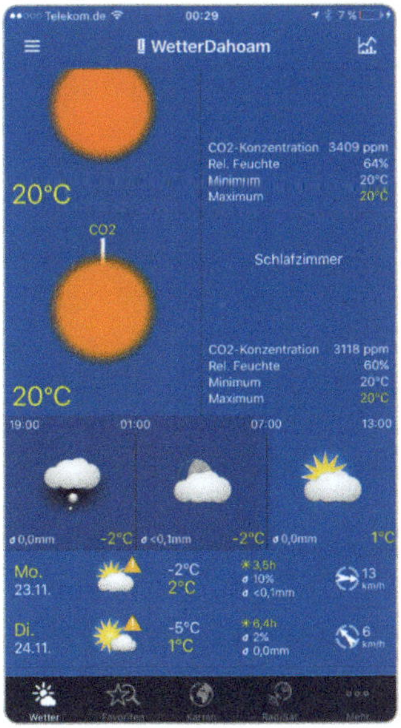

Die Netatmo-Wetterstation lässt sich auch mit Drittanbieter-Apps koppeln und verwenden.

Die Kopplung einer Drittanbieter-App mit der Wetterstation und der Zugriff auf die persönlichen Wetterdaten lässt sich bei Nichtgefallen bequem wieder entfernen. Dies erledigen Sie abermals über den `Einstellungen`-Dialog – am Ende der Konfigurationsseite werden sämtliche mit der Wetterstation gekoppelten Drittanbieter-Apps gelistet.